古文明浅读

发现古老的文明，探寻逝去的记忆，掀开古代世界神秘的面纱，带你领略几千年前古代人类的风采，充分了解人类无穷的智慧和叹为观止的成就……

深远影响亚洲的文明

古印度文明

盛文林◎编著

北京工业大学出版社

图书在版编目（CIP）数据

深远影响亚洲的文明：古印度文明／盛文林编著.
—北京：北京工业大学出版社，2014.1（2021.5 重印）
（古文明浅读）
ISBN 978-7-5639-3740-0

Ⅰ.①深… Ⅱ.①盛… Ⅲ.①文化史－印度－古
代－通俗读物 Ⅳ.①K351.203-49

中国版本图书馆 CIP 数据核字（2013）第 294986 号

深远影响亚洲的文明——古印度文明

编　　著：盛文林
责任编辑：陶国庆
封面设计：映象视觉
出版发行：北京工业大学出版社
　　　　　（北京市朝阳区平乐园 100 号　邮编：100124）
　　　　　010－67391722（传真）　bgdcbs@ sina. com
出 版 人：郝　勇
经销单位：全国各地新华书店
承印单位：天津海德伟业印务有限公司
开　　本：787 毫米×1092 毫米　1/16
印　　张：11.5
字　　数：193 千字
版　　次：2014 年 1 月第 1 版
印　　次：2021 年 5 月第 2 次印刷
标准书号：ISBN 978-7-5639-3740-0
定　　价：28.00 元

前言

如同世界上其他文明一样，古印度文明有光辉灿烂的历史，它以独特的发展历程和神秘的前进模式吸引着成千上万的热衷于探求古印度文明的人们的眼球。到目前为止，我们对古印度文明的了解还只是冰山一角，这虽与古印度人不以书写记录历史的传统不无关系，但主要还是它的历史深邃、博大，太令人费解了，以至于让研究者很难对其有全面深入的了解。

印度是一个宗教类型复杂而多姿多彩的国家，也是一个充满奇异和神秘的大陆。这里有复杂的地形、壮丽的山河、多样的气候，又有迷人的自然景色和动人的风情；既有光耀全球、彪炳史册的文化，又有几经沧桑、屡遭外侮的苦难历史。古印度人早就开始了城市文明的生活，他们住在统一规划的城市建筑中，在洁净的大浴场里尽情畅游，膜拜着拥有美丽线条的青铜神像，这不正是我们现代人所喜欢的生活吗？

古印度人在众多的领域取得了辉煌的成就。他们为人类留下了独特的宗教、哲学及相关的价值观念和思想体系；《摩诃婆罗多》和《罗摩衍那》两大史诗向世人表现了印度文学的优美；古印度是数学上的"阿拉伯数字"的真正源头；古印度是最早实施整形手术的地方，也是最早提倡牙齿护理的地方，等等。这些文明珍宝无不向我们展现了古印度文明的神奇魅力。读者可以和我们一起走进古老而神秘的古印度文明，了解古印度人民的生活和精神世界吧！

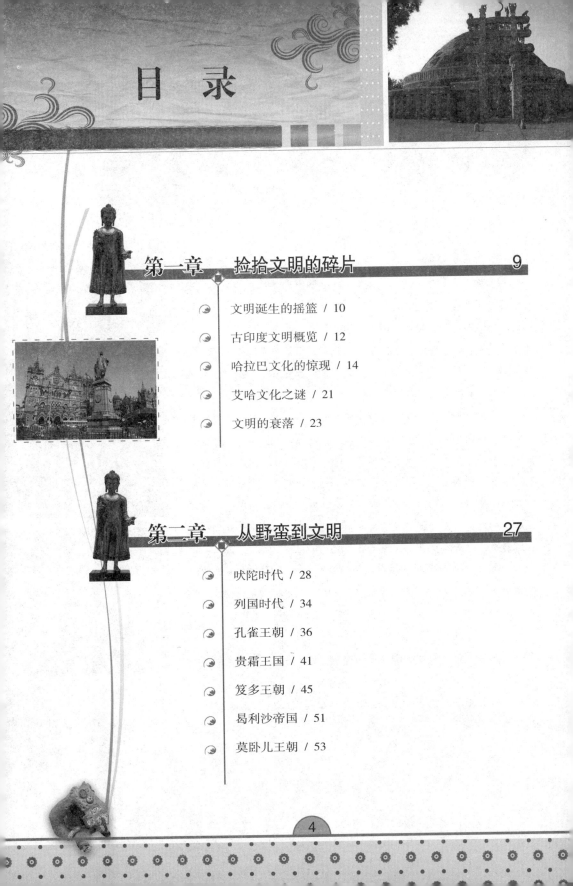

目 录

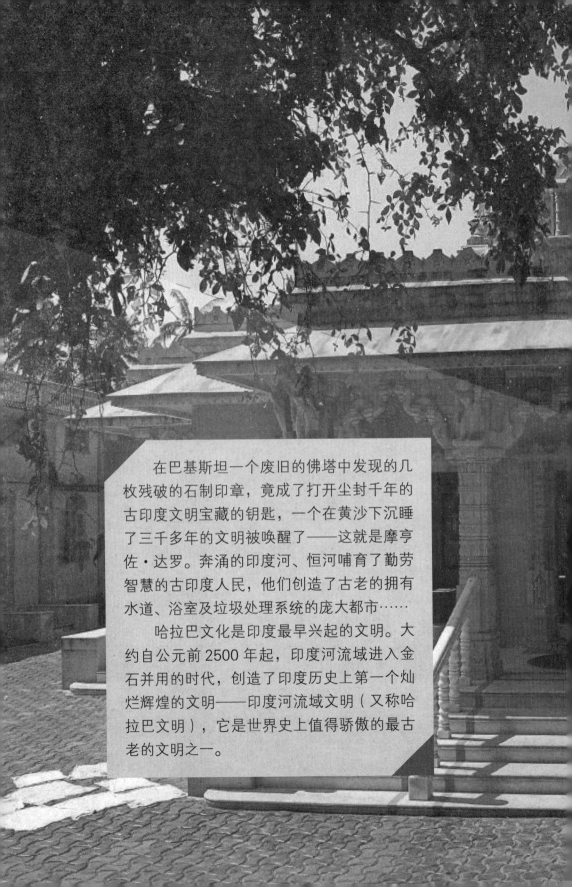

在巴基斯坦一个废旧的佛塔中发现的几枚残破的石制印章，竟成了打开尘封千年的古印度文明宝藏的钥匙，一个在黄沙下沉睡了三千多年的文明被唤醒了——这就是摩亨佐·达罗。奔涌的印度河、恒河哺育了勤劳智慧的古印度人民，他们创造了古老的拥有水道、浴室及垃圾处理系统的庞大都市……

哈拉巴文化是印度最早兴起的文明。大约自公元前 2500 年起，印度河流域进入金石并用的时代，创造了印度历史上第一个灿烂辉煌的文明——印度河流域文明（又称哈拉巴文明），它是世界史上值得骄傲的最古老的文明之一。

第一章

捡拾文明的碎片

文明诞生的摇篮

印度之名源于印度河，梵文曰"信度"（Sindhu），意为海洋、江河。在古代，印度并不是一个国家的名称，而是一个地理概念，指的是包括现在的印度、巴基斯坦、孟加拉、尼泊尔和不丹等国的领土在内的整个印度次大陆。印度次大陆位于亚洲南部，总面积约430万平方千米。印度半岛状如不规则的倒三角形，有人将印度形象地比喻成一只硕大无比的牛乳，并相应地将印度洋上的明珠斯里兰卡比作是从乳房里流出的一滴乳汁。正是这只硕乳和它的乳汁孕育了辉煌的古印度文明。

印度次大陆全境大体可以温德亚山脉和纳巴达河为界，分为南北两个区域。印度北部有印度河和恒河两条大河。印度河发源于冈比斯山以西，全长约3180千米，流入阿拉伯海，流域面积约110万平方千米，所形成的印度河流域是印度古代文明的摇篮。

恒河发源于喜马拉雅山南麓，全长约2510千米，流入孟加拉湾，它所流经的地方形成了世界上最大的三角洲，世界三大宗教之一的佛教也诞生于此。印度河和恒河流经的区域有土地肥沃的冲积平原，这里先后产生了灿烂的印度河文明和恒河文明，成为古代印度的政治、经济和文化中心。印度次大陆南部是一个三角形的半岛，以德干高原为主体。德干高原西高东低，平均高度为海拔600米。南部沿东西海岸分别蔓延着东高止和西高止两条山脉。沿海岸地区气候潮湿，土地肥沃。印度次大陆的地形特点是，平原和河谷盆地辽阔，可耕地面积大，发展农业经济的自然条件优越。

印度次大陆北部是热带和亚热带干旱气候，南部为潮湿的热带气候。季风在印度次大陆很盛行，每年4月至12月多刮西南季风，11月至翌年3

月则多有东北季风。由于北部的喜马拉雅山好像一道屏障，使来自印度洋的季风雨返回而降于恒河流域，所以恒河流域雨量充沛。印度河流域的雨量虽然小一些，但来自高山的大量雪水流入印度河，因此水量充沛。

印度次大陆资源丰富。这里有茂密的原始森林，盛产各种木料；铜矿和铁矿的储量很大，铜矿主要在拉贾斯坦和比哈尔南部。早在公元前2000年，这里的铜矿就已被开采。铁矿分布在卡纳塔卡、比哈尔南部等地区。约公元前8世纪，铁器已广泛用于生产。在南部的安德拉地区，有很多锡矿。金矿和银矿则主要分布在喜马旺特和卡纳塔卡一带。印度还盛产各种宝石和珍珠，金刚石的产量和质量均居世界各国前列。

古印度文明就是在这样一片辽阔而富饶的土地上诞生，并不断发展壮大的。

你知道吗

世界三大宗教

基督教与伊斯兰教、佛教并称为世界三大宗教。基督教形成于亚洲的西部，目前主要集中分布在欧洲、美洲和大洋洲。伊斯兰教主要传播于亚洲、非洲，主要分布于西亚、北非、中亚、南亚。佛教主要分布在亚洲的东部和东南部。

拓展阅读

季 风

由于大陆及邻近海洋之间存在的温度差异而形成在大范围盛行的，风向随季节有显著变化的风系，具有这种大气环流特征的风称为季风。

古印度文明概览

约公元前 13 世纪，雅利安人开始从西北大规模移入，并逐渐向印度东部扩张，在恒河的河套等地建立起城市，印度由此进入吠陀时代。此时代晚期（约公元前 6 世纪），奴隶制度萌芽，并出现了按社会等级划分的四大种姓，即婆罗门、刹帝利、吠舍和首陀罗。此后，印度分裂成许多小国，互相征伐，印度进入了 16 国争雄的列国时代。经过连绵不断的兼并战争，摩揭陀国日趋强大，成为恒河流域以至北印度的中心。但当时印度西北部地区仍存在许多小公国、君主国以及部族酋长国，政治上的分崩离析，使这一地区成为外国侵略者的掠夺对象。公元前 6 世纪至前 4 世纪，波斯人和希腊人先后入侵统治该地，并形成了与印度内地政权相对峙的局面。约公元前 324 年，出身于孔雀族的旃陀罗笈多月护王率大军驱逐了入侵者，后来又征服了印度的其他部分，使印度北部大部分地区成为孔雀王朝的统治区域。从此，印度建立起历史上第一个统一的奴隶制国家。不久，旃陀罗笈多的孙子阿育王用武力统一了除德干高原南部以外的印度全境。这一时期，印度的经济得到了进一步的发展，人们开始普遍使用铁器。公元前 261 年，阿育王因感于征服羯陵伽战争中的流血惨景，皈依了佛教，同时将这一地方教派定为国教，并不断派人到境内外四处宣扬佛法。然而，其和平主义的理想带来的却是孔雀王朝的衰落。在阿育王死前的 25 年间，王朝内部开始分裂，实力明显衰败。公元前 187 年前后，孔雀王朝的末代王布里哈德罗陀被其部将普士亚密多罗·巽加所刺杀，至此，统一印度达一个世纪之久的孔雀王朝走向最后的覆亡。自此，印度大陆陷入长期的战乱之中。

公元 320 年，芨多王朝兴起，印度奴隶制开始瓦解，封建制逐渐萌芽。随着封建因素的增加，奴隶制时代所确立的种姓制度也有了进一步的发展。婆罗门的地位大大提高，各种姓之间开始出现很深的隔阂与对立。公元 4 至 7 世纪，是印度封建制度形成和确立的时期。此时，印度社会向前迈进了一大步，城市经济也逐渐兴起。

值得一提的是，就在普西亚布蒂王朝的戒日王在位时期，我国唐朝的玄奘曾赴印度取经学义。他遍访印度各地，对当地人民生活、名胜古迹和宗教寺庙进行了认真考察和记载。玄奘在戒日王的领土上度过了八年，差不多和戒日王成了朋友。不过，此时也正是佛教开始衰落和印度教兴起的时期，加上戒日王本人一直是印度教湿婆神的皈依者，并未改信佛教，婆罗门的印度教最终占据了统治地位。公元 8 世纪初，南亚次大陆又成为阿拉伯伊斯兰入侵者的"狩猎场"，印度再一次陷入长达 500 年的异族统治和内部战乱之中。1206 年，苏丹穆斯林政权在德里建立，印度再度统一。这个帝国存在了 200 多年后，于 1413 年瓦解，印度重新陷入分崩离析的战乱状态。1525 年，莫卧儿人帖木尔的后裔巴布尔率领军队由阿富汗攻入印度，并于次年占领德里，稍后又征服了北印度大部分地区。从此，印度开始了长达 300 多年的最后一个封建王朝——莫卧儿帝国统治时期。

在巴布尔的孙子阿克巴统治时期，莫卧儿帝国内修朝政，外事征服，其疆域面积扩大到西起俾路支、信德，东至阿萨姆和孟加拉的广大地区。16 世纪 70 年代至 17 世纪 70 年代的 100 年间，莫卧儿帝国处于极盛期。

你知道吗

成吉思汗

孛儿只斤·铁木真，蒙古帝国可汗，号"成吉思汗"，世界史上杰出的政治家、军事家。1271 年元朝建立后，忽必烈追尊成吉思汗为元朝皇帝，庙号太祖，谥号法天启运圣武皇帝。在位期间多次发动对外征服战争，征服地域西达西亚、中欧的黑海海滨。

第一章 捡拾文明的碎片

哈拉巴文化的惊现

古文明浅读

深远影响亚洲的文明——古印度文明

印度河流域非常适合发展农业生产，因为这里水源充盈，一年一度的洪水泛滥带来了大量富含养分的淤泥，覆盖沿河地带，土壤十分肥沃。当地农民不需要复杂的生产技术就能收获庄稼。不过，河水泛滥也给农民的生产和生活带来了很大的威胁。面对来势凶猛的洪水，仅靠小村落的力量是远远不够的。于是，当地农民逐渐在较大的范围内组织起来。大约在公元前3000年，印度河的平原地区出现了一些大的村镇，古印度文明也随之开始了向城市文明的过渡。约公元前2300年，这里诞生了印度最早的文明——哈拉巴文化。

哈拉巴文化直到20世纪20年代才被人们发现。由于它的遗址首先是在印度哈拉巴地区被发掘出来的，所以通常称为"哈拉巴文化"；又由于这类遗址主要集中在印度河流域，所以也称为"印度河文明"。哈拉巴文化的年代约为公元前2300年至公元前1750年。

古印度文明的发现，与欧洲人对印度的侵略密切相关。十四五世纪时，欧洲列强看上了印度的黄金、珠宝，对印度展开了侵占和掠夺。在印度河谷拉维河的冲积平原上绵延2.5千米的地方，到处都是残垣断壁和破碎的泥砖。尽管英国人已经占领了这块地方，但没有人注意这些破碎的泥砖下埋藏着什么。

19世纪初，一个叫詹姆斯·刘易斯的英国人怀着对神秘东方的向往，应征来到英国的东印度公司的军队，开始了他不同寻常的印度之旅。他生性散漫，喜欢漂泊，对如何镇压当地人以及个人的仕途并不感兴趣，而是热衷于考古与探险。刘易斯不堪忍受军队里刻板的生活，他索性开了小差，从军队里逃了出来，开始了他的探险考古旅程。他伪装成一位美国工程师，化名查尔斯·迈森，打算漫游印度，实现自己长久以来的愿望。1826 年，刘易斯在穿越今天巴基斯坦的旁遮普地区时，被这里山丘上的一片废墟深深吸引。在这里一块不规则的多岩石的高地上，尽管历经风雨的侵蚀，却依稀可见砖石城堡的废弃的城墙，到处散落着的东方风格的壁龛，以及建筑物的遗迹。在夕阳的照耀下，这片废墟闪烁着神秘之光。他仔细地查看这些断壁残垣后，直觉告诉他，这里可能是一座已经废弃的古城，并猜想这就是古罗马的历史学家曾经提到的东方之城桑加拉。他在日记中对古城遗迹作了生动的描述，并为此地取名"哈拉巴"。正是由于他的发现和记载，人们才知道了哈拉巴的存在。但是，刘易斯毕竟不是考古学家，他对哈拉巴的造访也就到此为止了。令人遗憾的是，刘易斯的发现在当时并没有引起太多的关注。

11 年后，又一位年轻的探险家亚历山大·伯恩斯再次造访了哈拉巴。除了那些裸露的断壁残垣，他也没有新的发现。此后，英国在印度的考古队在 1853 年和 1856 年两次勘察了这一地区。他们一致认定，这里曾经出现过一个古代城市，但对它的年代和重要性的探究并没有突破性进展。刘易

↑哈拉巴文化遗址

斯以及伯恩斯等人的考察，给后人的考古发掘提供了重要线索。直到 19 世纪 70 年代初，当旁遮普成为英帝国统治下最繁荣的农业省时，英国政府意识到印度的地下文化宝藏可能价值连城，于是将印度古文明的考古发掘列入重要的议事日程。

随着对印度宝藏探寻热情的逐步升温，英国殖民当局于 1873 年成立了印度考古研究院，亚历山大·坎宁安被委任为考古局长。他首先探访了刘易斯日记中提及的哈拉巴。但是，当他来到这片废墟时，已经再也无法找到城堡的任何遗迹了。原来英国当局为了修建纵贯这一地区的铁路，将哈拉巴遗址中那些做工精致的砖石大部分用来做了路基。坎宁安得知后痛心疾首，为了抢救这个遗址，他决定进

行发掘。由于遗址破坏得非常严重，发掘工作进展缓慢，最后被迫停工。他的唯一收获就是发掘出了一枚石制的印章。印章用黑色的皂石制成，上面刻着一头公牛和六个无法释读的文字。这是一枚公元前3000年古印度河文明的典型物件。

↓石质印章

遗憾的是坎宁安也与哈拉巴文化失之交臂。当时，坎宁安得出了一个错误的结论，他认为这枚印章是从外国传入印度的。尽管如此，前人的发现特别是坎宁安发掘的黑色印章，仍为后来的考古学者提供了重要的线索。

1902年，踌躇满志的约翰·马歇尔来到印度后，继任为印度考古勘察总监。他根据坎宁安等人留下的线索，指挥各支考古队在哈拉巴等地继续进行发掘，但一直没有进展。后来，研究员弗利特为马歇尔的事业带来了转机。弗利特仔细地研究了大英博物馆收藏的哈拉巴出土的印章上的文字，作出了正确的判断：印章文字绝非婆罗迷字母系统，也不同于两河流域苏美尔人的楔形文字。在哈拉巴发掘同时，班纳基发掘了死亡之丘——摩亨佐·达罗。两地的发掘揭示出一种相同的古代城市文明，即学者们所谓的"哈拉巴文化"。至此，马歇尔可以骄傲地向全世界宣布：他与同伴们发现了一种极为古老而独特的伟大文明，而且它是在印度河流域自身独立发展起源的。

哈拉巴文化是古代印度青铜时代的文化，它代表了一种城市文明。这一时期的国家是以一个或几个城市为中心结合周围的村社而形成的。大城市有哈拉巴、摩亨佐·达罗和甘瓦里瓦拉，这三座城市的占地面积均为1平方千米左右，居民约各有35 000人。还有规模较小的城市，如卡利班甘只有0.22平方千米。尽管城市的大小不一，但其建筑布局比较类似。城市分卫城和下城两个部分，甚至盖房用的小砖和砌城墙用的大砖，其长、宽、高的比例都大体一致，为4∶2∶1。这并非偶然的巧合，而是充分说明哈拉巴文化各地之间存在着密切频繁的交流。

哈拉巴文化的城市以摩亨佐·达罗存留的遗迹较多，也最能体现这一时期城市的特征。摩亨佐·达罗的卫城建在较高的山岗上，四周围以砖墙，其中心地区有一个砖砌的大浴池，长12米、宽7米、深2.4米，池壁有防水的沥青层，两端的阶梯通向池底。这个浴池大概是人们举行宗教仪式时沐浴净身的地方。卫城东面是一组建筑物，其中的一个大厅，面积约170平方米。南边有一排建筑物，包括一个25平方米的厅。这些建筑物无疑是城市的办公地点和公众聚会的地方。卫城的西面有27排建筑物，带有通风孔道，是堆放粮食的仓库。仓库的周围有一些供劳动者居住的小房舍。从卫城的建筑来看，这里是城市国家的统治中心。

摩亨佐·达罗的城市建筑，在一定程度上反映了当时整个社会的状况。卫城的城墙和办公用房，表明统治权力的存在和凌驾于普通劳动者之上的国家机构已经形成。住宅的差别体现出居民贫富的分化和阶级对立的存在。这一时期的城市国家，无疑是建立在阶级对立基础之上的。不过，要对哈拉巴文化的结构和城市国家的政治特点作出详细的说明是相当困难的。因为作为人类文明重要标志之一的文字，在哈拉巴文化的遗址中虽已发现，但这些文字至今尚未译读成功。由于没有可以利用的文献资料，只能依据考古资料来作一些分析和推测。

据考古资料，可知哈拉巴文化是由多种文化成分构成的。从遗址中的遗骸来看，有地中海人、南方古代人、蒙古人等。居民的葬式有各种不同的土葬和火葬方式，表现出不同的社会风俗特点。宗教习惯也多有不同之处。摩亨佐·达罗、卡利班甘等城市建了大浴池，有与沐浴相关的宗教礼仪，而哈拉巴和洛塔尔等地则没有。洛塔尔设有火祭坛，这种火祭坛又见于卡利班甘。不过，在

→摩亨佐·达罗的建筑遗迹

↑摩亨佐·达罗出土的人物塑像

多种文化成分构成的哈拉巴文明中究竟是谁占据主导地位，至今还难以定论。

哈拉巴文化城市国家的分布情况也不十分清楚。据现有的资料，仅大体上可以认为哈拉巴、摩亨佐·达罗和甘瓦里瓦拉是三个较大的城市国家的都城，或是城邦联盟的中心所在地。这三个城市的势力范围较大。哈拉巴位于印度河上游，北部的小喜马拉雅山脉、西部的苏来曼山脉和西南的北拉贾斯坦蕴藏着丰富的矿产，旁遮普则有茂密的原始森林。在控制矿产和森林资源方面，哈拉巴有相当的优势。甘瓦里瓦拉靠近印度河五条支流的汇合处，周围的居民点密集，农业较发达，并与拉贾斯坦的铜产地及其铜器制造地相邻，在控制农产品和铜产品的加工、贸易方面起着重要的作用。摩亨佐·达罗位于印度河下游，距哈拉巴约 600 千米，周围分布着许多大小不一的城镇和村落遗址。古印度与西方交流的三条重要通道，即波兰山口、俾路支斯坦南部平原和通往阿拉伯海的港口都由它控制。摩亨佐·达罗所处的位置，表明它的作用更多的是向其他城镇输送资源产品，以及与西方的两河流域、波斯湾地区进行贸易。这三座城市在古印度人的社会经济生活中发挥了不同的作用，其文化特点也多有相异之处。哈拉巴的手工业品有花色多样的陶器，印章上的动物形象丰富多彩，陪葬品也各种各样，表明其居民有不同的文化背景。摩亨佐·达罗的文化则表现出较强的统一性。

关于城市国家的政治体制没有确实的记载，人们只能根据考古发现作一些推测。哈拉巴文化的遗址中未见大型的王室墓地，可能强大的王权还没有形成。该遗址中出土了近两千枚印章，它们可能是权力与所有权的象征。印章上的图形有独角兽、公牛和山羊等。在图形印章中，刻有独角兽的最多，约占 60%；其次为刻有公牛的印章，且这两类印章分布也较广泛。据此可以推测，源于独角兽氏族和公牛氏族的人在哈拉巴文明的统治阶级中占有较重要的地位，国家权力机构中还留有一些氏族制度的残余。

军队是维护统治的工具。据考古发现，我们可以知道这些城市国家已组建了军队。在其遗址中发现了许多三角形、球形的石块或陶块，这是用于作战的兵器。印度河流域的边缘地带有一些孤立的哈拉巴文化遗址，出土物多为这一类的石块和陶块，还有烧制陶块的窑，这些很可能是城市国家派出的军队的营地。在哈拉巴文化遗址中未发现制作精良的兵器。摩亨佐·达罗出土的长矛单薄，矛头易弯，箭头也很小。种种迹象表明，哈拉巴文化时期城市国家的军事力量并不发达，这为后来雅利安人的侵入提供了有利的条件。

哈拉巴文化的结构和国家的政治体制虽还不十分清楚，但考古遗物充分表明，这一时期的社会生产力水平是相当高的。摩亨佐·达罗城市的设计和建筑物，在同时期的其他文明古国中是非常少见的。哈拉巴文明的经济已形成一个经营方式多样的、规模庞大的体系。广泛散布的农业村社，表明农业经济是此种文明的基础。耕地主要为沿河肥沃的土地，农产品种类较多，大麦和小麦是主要作物。从哈拉巴文化遗址出土的大量人体骨骼看，几乎未见因营养不良造成的疾病，也未见牙齿因日常食物不同而具有不同的磨损和腐蚀情况。而后者在埃及和两河流域是常见到的。当时居民的贫富在食物方面表现不明显，说明了农产品供给是较充裕的。除农业外，还有许多畜牧业村社和采集部落散落在印度河流域。

拓展阅读

印章文字

公元前20世纪，印度古代文字出现，这些文字大多刻在石头或陶土制成的印章上，称为印章文字。印章大多用皂石、黏土、象牙和铜等制成，每枚雕有不超过20个铭文。到目前为止，共发现这种文物2500种左右，文字符号共有400～500个。这些符号一般由直线条组成，字体清晰，基本符号有22个。在印章上还有雕画，这种雕画和文字是什么关系还不清楚，根据学者推测，这些铭文可能是印章主人的姓名和头衔等，雕画可能是他们崇拜的事物。

这时的手工业和商业也比较发达，富商们拥有大量财富。在巴纳瓦利城遗址（位于今哈里亚纳邦）的几座房屋中出土了印章、砝码，还有大小不一存放着粮食、珠宝等各种各样物品的储藏罐。可见当时的商人不仅从事内陆贸易，而且与两河流域等地有较密切的贸易往来。当时手工业分工比较细，有固定的产地。在今天已干涸的加格尔河两岸，有许多手工业作坊的遗址。这些作坊有的是烧制陶器、砖块，有的专给陶器上釉，还有的冶炼铜制品。哈拉巴文明遗址出土的石像、陶像、青铜像等体现了高超的工艺水平。例如摩亨佐·达罗出土的青铜舞女铸像，高11.43厘米，身段苗条，肢体修长，神态安详自若，造型十分优美。女陶像多头戴角状物，胸部、臀部丰满，表现出女性的生理特征。

内部联系密切是哈拉巴文明经济方面重要的特点之一。哈拉巴、摩亨佐·达罗和卡利班甘三座大城市在经济方面各有自己的特点和作用。它们作为哈拉巴文明的经济中心，把散布在印度河流域广阔地区的城镇和村社联系起来。值得一提的是，印度河流域的度量衡制度也较为统一。计量用青铜尺或介壳尺，单位长度前者为0.9厘米，后者为0.6厘米，均为十进位制。其重量砝码的单位重量为0.875克。目前还没有证据表明当时印度河流域已形成一个统一的国家。在政治上还未达到统一的条件下，城市的分布如此合理，其作用如此具有特点，度量衡如此具有统一性，充分表明哈拉巴文明时期社会生产力的发展水平已达到一定高度。与世界其他早期文明相比，哈拉巴文明是毫不逊色的。

拓展阅读

火 葬

火葬是一种处理尸体的方式，具体而言是以火把尸体烧成骨灰，然后安置在骨灰瓮中、埋于土中、撒于水中或空中，甚至以火箭射上太空。印度教、佛教盛行火葬，儒家、伊斯兰教和基督教则盛行土葬。自从20世纪开始，火葬在世界各地被提倡，以节约稀少的耕地。现在中国大陆的火葬比例为53%，美国为26%，英国为70%，日本则超过90%。

艾哈文化之谜

　　早在 20 世纪中叶，印度的一些考古学家在印度西部的拉贾斯坦邦发现了一处庞大的古人类文化遗址群，面积达一万平方千米。考古学家认为，约 4500 年前，一群叫作"艾哈"的古人迁移到这里，他们不仅成为梅瓦及邻近地区最早的居民，还创造了艾哈文化。

　　考古学家发现，"艾哈人"有着氏族社会的文明特征。其遗址群分为 90 个主要居住地，每处面积约 500 平方米，均用泥砖围成堡垒式样。后来，南亚的考古学界在巴基斯坦境内发掘了规模宏大的哈拉巴文化遗址，其文明特征与艾哈文化如出一辙。人们据此认为，艾哈文化是哈拉巴文化的一个分支，并将考古和研究的重点转移到哈拉巴地区。

　　尽管如此，一些细心的考古学家对艾哈文化的起源仍存有疑问。从

1994 年开始，在美国考古学家的参与下，印度考古界沿着不同的地质层，对艾哈文化进行了更大规模的发掘。后来，人们终于有了惊人的发现——在艾哈文化遗址中发掘出了五具古人类遗骸！这是人们在艾哈文化地区首次发掘出古人类遗骸。研究表明，这些古人死时的年龄均在 35～50 岁，除一人的性别无从辨别外，其余为两男两女。其中四具遗骸是在公元前 2000 年—前 1800 年的红铜时代地质层发现的。更为惊奇的是，这些遗骸分明有被火化过的痕迹，这与哈拉巴文化的土葬习俗不同，最后一具出土的遗骸保持着印度教持定三昧的姿势。一些考古学家提出：难道艾哈文化与哈拉巴文化并非同宗？如果真是如此的话，这两种文化之间又有什么关系呢？

　　考古学家在艾哈文化遗址中发现了布满牛粪的痕迹，并发掘出大量雕

刻有牛图形的文物。起初发掘的文物上刻的均是公牛图形，这契合了印度人历来奉牛为神明的传统。但之后又发现了刻有母牛图形的文物，这使考古学家大惑不解。考古学家深入分析后认为，不管是公牛还是母牛，艾哈文化与以雅利安人为代表的古印度文化有着更大的共同点：对牛的崇拜。艾哈文化与哈拉巴文化不存在同源的特性，因为哈拉巴文化丝毫没有对雌性动物崇拜的现象。

随着考古研究的深入，谜团进一步被揭开。"艾哈人"制作陶器的技术不仅更为精湛，而且运用了比哈拉巴文化的"黑色陶器"更丰富的红黑色彩绘手法。此外，"艾哈人"在建筑工艺上也采用了较为先进的烧砖技术。考古学家相信，当哈拉巴文化于公元前2500年处于鼎盛时期时，"艾哈人"从哈拉巴文化中学到了不少先进的技术和知识，从而推动了艾哈文化的发展。

考古学家研究发现，艾哈文化在历史上形成了以农业、畜牧业、狩猎和捕鱼为特色的混合经济模式，只是到公元前1800年前后，由于气候变化和自然灾害，艾哈文化才逐渐消亡。哈拉巴文化在同期也开始没落，这也是艾哈文化灭绝的一个因素。但印度考古学界认为，艾哈文化并没有从印度国土上消亡，它依然活在印度人民心中。

你知道吗

红铜时代

红铜时代，又称铜石并用时代、金石并用时代，是指介于新石器时代和青铜时代之间的过渡时期，以红铜的使用为标志。红铜即天然铜，质地软，不适合制造工具，所以红铜时代的人类仍以使用石器为主。埃及、美索不达米亚等地在公元前4000年左右进入红铜时代，关于中国何时进入红铜时代，目前观点不一，有学者认为龙山文化属于红铜时代，也有学者认为中国没有经历红铜时代。

文明的衰落

大约从公元前2500年起，印度河流域进入金石并用时代，创造了印度历史上第一个灿烂辉煌的文明——印度河流域文明。它是世界历史上值得骄傲的最古老的文明之一，在时间上仅晚于古埃及文明、两河流域文明，早于华夏文明。印度河流域文明存在约700年，在公元前1750年左右逐渐衰落。

印度河流域文明是怎样毁灭的呢？由于仅有的一些印章文字和其他铭文尚未释读，这个问题仍然没有答案。学术界根据哈拉巴文化毁灭后的遗址和遗物，提出了自然灾害和人为因素两方面的解释。

一些学者认为，公元前1750年左右，地球上曾经出现了一个地震活跃期，印度河流域在这一时期发生了地壳运动，导致河流改道，洪水泛滥，文明古城摩亨佐·达罗受到三次大洪水的袭击，瘟疫流行，土壤盐碱化，不利耕作，环境恶化，城市最终荒废。有的学者认为，《摩诃婆罗多》所记载的当洪水毁灭世界之时，只有人类的始祖摩奴一人在神鱼的启示和帮助下造船得救的洪水传说，可能就是对印度文明毁灭的一个追忆。

另一些学者认为印度河文明毁于外族入侵。在公元前1750年左右，印度河流域的一些城市遭到了很大的破坏，特别明显地表现在摩亨佐·达罗的毁灭。在这座城市的街巷和房屋里留下了不少像是被杀戮的男女老幼的遗骨。例如，在下城南部的一所房屋里，发现有13个成年男女和儿童的骨骼横躺顺卧，杂乱无序。在这些人中，有的还带着手镯、戒指和串环等，显然是突遭杀害的；还有一个头盖骨上留有146毫米深的刀痕，这大概是被入侵者用剑砍杀的。在街头井旁也都发现有尸骨，有些尸骨上留有刀痕，有的四肢呈痛苦的挣扎状。在下城北部的街巷中，发现有另一骨骼群，其中还有两根象牙，这可能是象牙雕刻匠人一家的不幸遭遇。

持此说者认为，摩亨佐·达罗在经过这一次大规模的入侵后，居民东奔西跑，从此古城才逐渐荒芜了。与此同时，哈拉巴文化的其他地区城镇也遭到了或轻或重的破坏。在哈拉巴卫城上层有明显的衰落迹象，特别是在这里发现有新的外来陶器类型与哈拉巴文化并存。这一切说明当时有新的入侵者占据了哈拉巴文化区域。那么，这些新的入侵者是谁呢？

除了上述两种说法外，英国学者捷文鲍尔特和意大利学者钦吉曾提出过另外一种截然不同的看法。他们推测，在

公元前 1750 年，一艘外星人乘坐的核动力飞船在印度上空游弋，可能意外地发生了某种故障而引起核爆炸，以致给地球上的居民造成了重大的灾难。两人的推测主要根据是印度的古代文献。

古印度史诗《摩诃婆罗多》中曾对摩亨佐·达罗城的毁灭作过这样的描述：

空中响起几声震耳欲聋的轰鸣，接着便是一道耀眼的闪电。南边天空一道火柱冲天而起，比太阳更耀眼的火把天分割成两半，空气在剧烈地燃烧，高温使池塘里的水沸腾起来，煮熟的鱼虾从河底翻了起来。地面上的一切东西，房子、街道、水渠和所有的生命，都被这突如其来的天火烧毁了，四周是死一般的寂静……

从描述来看，显然这突如其来的天火是一场神奇的大爆炸。史诗《摩诃婆

←摩亨佐·达罗遗址

罗多》中还记载了远古发生的一次奇特的大爆炸：天空中充斥着"耀眼的光辉和无烟的烈火"，"水沸腾了，鱼儿被烧焦了"，"人类承受着巨大的痛苦"。

另外，考古材料也似乎证明了他们推断的正确性。古城遗址中有一块十分明显的爆炸点，约一平方千米半径内的所有建筑物都化为乌有，而爆炸中心较远处，人们却挖到许多人体骨架，也就是说爆炸破坏程度由近及远，逐渐减弱。此外，在爆炸区域内还发掘出一些黏土烧成的碎块，据推算燃烧的温度高达 1.4 万～1.5 万℃。令人吃惊的是，古城废墟极像原子弹爆炸后的广岛和长崎，而且地面上还残留着遭受冲击波和核辐射的痕迹。当然，两人的推测也只不过是一个大胆的假设，尚缺乏充足的证据。

最近，还有些人认为文明的衰落是个渐进的过程，是几个方面因素相互作用的结果，既有内因，又有外因，而内因则主要是内部阶级关系紧张所致。这一派认为，哈拉巴文化时期，阶级分化已十分明显，阶级压迫和剥削是非常残酷的。同时，人们对自然规律的认识有限，导致了生态平衡的破坏，水土流失，河流改道，雨量减少，灾害频频，而这一切又给外族入侵以可乘之机，最终导致文明的衰落。现今，这一观点已引起众多学者的注意。但是印度河流域文明到底是如何毁灭的，这一问题并未因此而最后定论。

拓展阅读

古埃及文明

古埃及文明是指在尼罗河中下游地区的一段时间跨度近3000年的古代文明，时间为公元前32世纪左右时美尼斯统一上下埃及建立第一王朝到公元前343年波斯再次征服埃及。

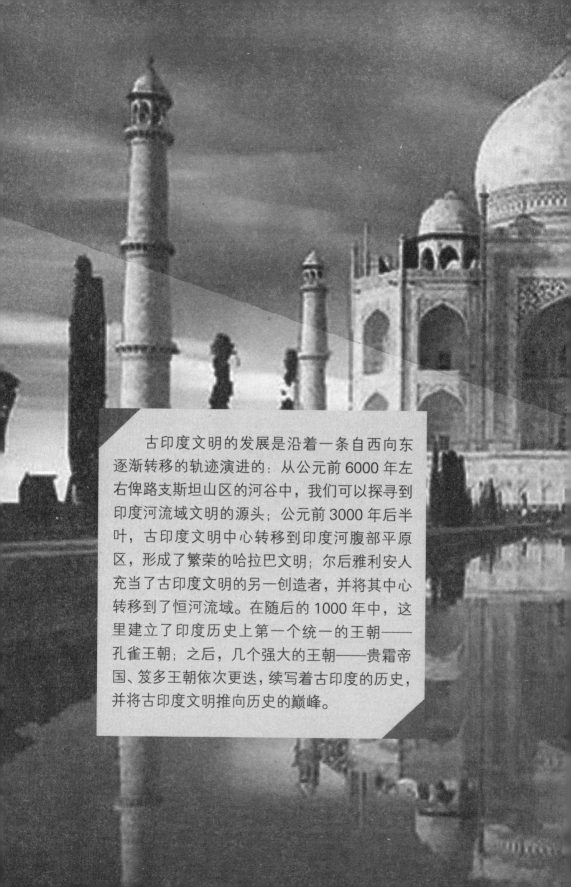

　　古印度文明的发展是沿着一条自西向东逐渐转移的轨迹演进的：从公元前 6000 年左右俾路支斯坦山区的河谷中，我们可以探寻到印度河流域文明的源头；公元前 3000 年后半叶，古印度文明中心转移到印度河腹部平原区，形成了繁荣的哈拉巴文明；尔后雅利安人充当了古印度文明的另一创造者，并将其中心转移到了恒河流域。在随后的 1000 年中，这里建立了印度历史上第一个统一的王朝——孔雀王朝；之后，几个强大的王朝——贵霜帝国、笈多王朝依次更迭，续写着古印度的历史，并将古印度文明推向历史的巅峰。

第二章

从野蛮到文明

吠陀时代

从古印度文明的衰落到雅利安人入侵的几百年的历史，虽然时有零星的考古学报道，但基本上模糊不清。印度的历史从吠陀时代开始才有文献记录，部分原因是雅利安人侵入印度后，过了大约 1000 年才有文字体系，而主要原因则在于，这种文明和哲学特别强调无时间性的重要，相对忽视一时的事件。

在公元前 3000 至前 2000 年或更早一点儿的时候，雅利安人开始来到印度河流域，在那里定居下来。他们不是一次涌到那里去的，而是一批又一批地迁移过去的，在印度河流域立足后再扩大到东面的恒河流域。在公元前 1500 年左右，雅利安人开始大规模进入印度次大陆。公元前 1500 年至前 600 年，是印度历史上的吠陀时期，它是古印度文明兴起中不可缺少的一部分，是古印度文明的一个重要阶段。

"吠陀"是祭司们在祭神时所用的颂歌、经文和咒语的汇编，虽然它主要是宗教内容，但也包含一些雅利安的早期历史。四部吠陀中，《梨俱吠陀》是最古老的一部，其编纂年代在公元前 16 世纪至公元前 11 世纪，有些诗句可能更早，即雅利安人开始进入印度之时；其余三部是《沙摩吠陀》《夜柔吠陀》和《阿闼婆吠陀》。因后三部吠陀成书较晚，约在公元前 9 世纪至公元前 6 世纪，所以通称为后期吠陀。在后期吠陀产生的时期，又逐渐出现了解释吠陀的文献，即梵书、森林书和奥义书。

作为印度最早的宗教圣典，《吠陀》保留了许多印度宗教的原初形态，例如多神崇拜、自然崇拜、祖先崇拜等。由于它使用诗化的语言，使人过目难忘，易于咏颂，而且给后人留下

↑手抄《梨俱吠陀》

了理解和诠释的充分空间。千百年来，虽然世事变化无常，但《吠陀》的神圣地位始终未变，还在此基础上形成了一整套文献体系。

在解释吠陀的文献中，奥义书确立了一种怀疑主义和大胆思考的传统，内容驳杂，思想不拘一格，但其主要观念是唯心主义一元论和泛神论思想。它承认世界的灵魂梵天是最高存在；物质世界是虚幻的；灵魂可以轮回转世；与绝对存在物融为一体，才能解脱轮回，并得到安定——梵我一致。一个人立身行事只有毫不计较得失，完全不考虑功过、是否会有报应，才能摆脱迫使他转世的枷锁。尽

管涅槃境界对大多数人来说遥遥无期，但虔诚的信徒在有生之年即可达到。

早期吠陀反映了雅利安人氏族部落组织解体，并向阶级社会迈进的历史。这一时期，农业已逐渐取代畜牧业，变成主要的生产部门，种植大麦、小麦等；畜牧业在经济生活中仍占有相当重要的地位；手工业有了一定的发展，铁在后期已经开始出现；交换也已产生，大概以金属或装饰品作交换媒介。当时，雅利安人依旧保持氏族部落组织和种种会议，比较重要的会议是"萨巴"（即长老大会）和"萨米提"（即部落成员会议），这两个会议和军事首领构成了雅利安军事民主权力机构的要素。这时，私有制也已逐渐产生，并开始出现了等级划分的现象。

在这时期，雅利安人已分布于整个恒河流域以至纳巴达河流域，而不像早期那样仅仅活动于印度河上中游以及恒河上游的小块地域。后期吠陀时代，社会发展复杂多变，铁器已推广使用，农业有了一定程度的发展，劳动分工大大加强。分工的发展促进

了交换的发展，商业开始兴起，商人们往来于各地。在商品交换中，人们兼用以物易物和付偿购物两种方式；高利贷已经出现。在所有社会关系的变化中，奴隶制的发展最为突出。奴隶主要是雅利安各部族之间的战俘，既有异族也有本族，大量奴隶的出现，为国家的产生奠定了基础。

雅利安人的老家可能在中亚或高加索一带，他们过着半牧半农的生活，社会组织处于军事民主制阶段，既无城市，亦无文字，养马而不食鱼，同印度河的城市文明判然有别。当他们进入印度时，自然遇到本地居民顽强的抵抗。入侵经历了很长时间，先后延续几百年。由于古印度文明已处衰微阶段，雅利安人的入侵总的说来是成功的。他们将土著居民称为达萨（即敌人），并贬之为黑皮肤扁鼻子的丑类，后来达萨即与贱奴同义。

到了后期吠陀时代，随着阶级矛盾的发展，以前的军事民主制机构逐渐变成了国家。军事首领罗阇摇身一变而成为世袭君主，他依靠贵族和官吏的辅佐来统治国家，并逐渐神圣化。由于国王是因某种需要而选出来的，因此必须遵守法律，不得独断专行，国王在加冕时必须宣誓忠于法律。关于国家形成的具体过程，因缺乏史料而无法深入了解。这些最初形成的国家是以部落的某一中心城堡为基地而建立起来的，因规模较小，故称为城邦。到公元前6世纪，在恒河及印度河流域已有了二十几个城邦国家，主要有犍陀罗、俱卢、迦尸、居萨罗等，这样便开始了印度历史上的列国时代。

在吠陀时代，随着奴隶制的发展和社会的分化，印度形成了两种日后成为其民族特色的体制，即种姓制度和婆罗门教。

印度的种姓制度源于一首神圣的

↓不同地区雅利安人的服饰

颂诗，诗中把社会分为四个等级，或称瓦尔纳，这是由出身而定的。最高等级为婆罗门、僧侣、教师和学者；其次为武士，也称为刹帝利；然后是包括农民和商人的吠舍；最底层为首陀罗，他们是为以上三个种姓服务的。在四个种姓之外还有贱民，凡对于其他人来说甚为肮脏的工作都交给他们去做。这项制度影响了许多印度教徒的生活。举例来说，宗教规定禁止不同种姓间通婚，低种姓的人做的食品被人视为是不干净的。作为一项原则，不同等级的人不能从事提供给其他种姓的各种职业，若有违反此禁忌者，将受到最严厉的惩罚，那就是被开除出其所在的种姓。

吠陀时代的瓦尔纳，原指不同人种和社会集团，后来逐渐用来表示社会等级。印度瓦尔纳分为四个等级，即婆罗门、刹帝利、吠舍、首陀罗。国家形成之后，社会等级划分更趋严格。婆罗门作为第一等级，在社会上有首脑之尊；其他各等级包括国王在内的刹帝利，对婆罗门都应敬重礼让。婆罗门由主管宗教祭祖的氏族贵族组成，日后成为婆罗门教的祭司，他们也可以经管其他行业，但只动口不动手，即作为业主和管理领导人员。他们不仅垄断宗教文化大权，也参与执政，常作为国王的顾问，以占卜念咒等方术影响国王的行动，甚至随军出

征。婆罗门拥有大量土地和奴隶，除这些剥削收入以外，婆罗门正式的补充收入是接受布施，来自国王贵族的布施实际上是统治阶级对战争虏获和国家税收的分配，往往表现为大量的馈赠。婆罗门也是最富有的阶层。

刹帝利作为第二等级，是由王族和军事行政贵族集团组成的，他们被视为社会的臂膀，即统治阶级执掌国家机器的人员。在理论上，婆罗门优于刹帝利，但作为最高统治者的国王属刹帝利等级，这就不可避免地出现了两个种姓之间的争雄，因此有些文献也出现过刹帝利优于婆罗门的说法，只是较少数而已。这种争夺有时也在思想文化上表现出来。刹帝利同婆罗门一样，是拥有大量土地和奴隶的统治阶级，甚至更富于婆罗门，因为战

你知道吗

高利贷

高利贷是指索取特别高额利息的贷款，也叫大耳窿、地下钱庄。向放"高利贷"者借钱，一般无须抵押，甚至无须立下字据。它产生于原始社会末期，在奴隶社会和封建社会，它是信用的基本形式。也就是说，在资本主义社会出现之前，在现代银行制度建立之前，民间放贷都是利息很高的。

争掠夺物和国家收入是由他们直接占有的。

第三等级吠舍是整个社会的支持者和供养者，意即养活整个社会的工农劳动群众。吠舍原由雅利安人的一般公社成员组成，日后用以包括从事农、牧、工商各行各业的平民大众。由于小生产者分化也产生贫富的两极，吠舍中有些少数发家致富的人，甚至从事高利贷活动。在婆罗门和刹帝利统治之下，吠舍已无政治权利可言，只有交税服役、供养统治者的义务。不过比起第四等级，他们仍具有较高的社会地位。按婆罗门教的理论，吠舍与刹帝利、婆罗门都属高级种姓，死后投胎可再度为人，因而称再生族。第四等级首陀罗则属非再生族。因此吠舍可参加婆罗门主持的宗教祭祀和听讲教义，首陀罗则绝对不能。实际

上，再生族与非再生族的界限就是过去雅利安人和被征服的异族人、雅利安公社成员与非公社成员判然有别的反映。

首陀罗为第四等级，指压在社会最底层的劳苦大众。他们最初是由被征服的非雅利安各族组成，后来也包括由于种种原因而被降到这个最卑贱等级的雅利安人。他们失去了政治、法律和宗教上的一切权利，处于不受保护、冤苦无告的低贱地位。他们从事农、牧、渔、猎以及种种当时被人视为低贱的职业，其中有少数自食其力的工匠，但多数沦为佣工和奴仆。作为最低贱的等级，首陀罗的地位和奴隶相差无几，其中也有一些人就是奴隶。种姓制度固定下来后，各个等级所从事的职业就不能任意改变，各个种姓之间原则上禁止通婚。

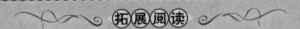

拓展阅读

种姓制度

种姓制度是印度与其他南亚地区普遍存在的社会体系。种姓制度以婆罗门为中心，划分出许多以职业为基础的内婚制群体，即种姓。各种姓依所居地区不同而划分成许多次种姓，这些次种姓内部再依所居聚落不同分成许多聚落种姓，这些聚落种姓最后再分成行内不同行外婚制的氏族，如此层层相扣，整合成一套散布于整个印度次大陆的社会体系。因此，种姓制度涵盖印度社会绝大多数的群体，并与印度的社会体系、宇宙观、宗教与人际关系息息相关，可说是传统印度最重要的社会制度与规范。

在早期吠陀时代，雅利安人的宗教基本上还是一种简单的自然崇拜。他们既畏惧自然的威力，又不得不靠自然的恩惠，于是把各种自然现象想象为人格之神，以献祭和祈祷方式求神消灾赐福。早期祭扫比较简单，也不存在比较抽象的宗教哲理。这种简单的宗教，到后期吠陀时代逐渐发展成为有完整体系的婆罗门教。

婆罗门教的最高信仰是梵天。梵天是世界精神、最高主宰、宇宙的创造者，世界万象不仅皆属梵天所创，而且只有梵天是实，其他一切皆为虚幻。婆罗门以一种统辖万物的梵天神性说包揽了一切原始崇拜，把婆罗门教义提高到垄断精神世界的统治地位，同时也把解释、宣传这一教义的婆罗门祭司僧侣崇奉为人间的最高等级。

列国时代

随着印度社会的发展，到公元前6世纪初，在恒河流域等地已初步形成16个大国，史称列国时代，它一直延续到公元前4世纪末、孔雀王朝兴起之时。强大的16个国家，佛教文献习惯地称为"十六大国"，分别是：鸯迦、摩揭陀、迦尸、居萨罗、拔只、末罗、支提阿般提、居楼、般阇罗、阿湿波、拔沙、婆蹉、苏罗婆、乾陀罗和剑洴沙。其中乾陀罗、剑洴沙在印度河流域上游，婆蹉在拉贾斯坦，阿般提在温德亚山脉以北，阿湿婆在温德亚山脉以南，其余的都在恒河流域。这说明，随着雅利安人向恒河流域扩张，恒河流域已经取代了印度河流域，成为古印度文明主要的活动舞台。

从古代国家的发展规律看，列国时代处于由小国进入大国的阶段，是社会经济相对发展的结果，但因印度地域辽阔，情况复杂，较晚才实现大国统一的局面。在列国时代后期，摩揭陀国在恒河流域中部称霸，逐渐兼并四邻，开始走上统一北印度的道路。16大国中势力强大的城市多为各国的首都，当时繁华一时的名城有王舍城、华氏城、舍卫城、波罗奈、吠舍厘、坦叉始罗城等。在政治体制上，列国中绝大多数是国王当政，也有个别国家实行贵族共和制，"数相集会，讲议正事"。这种贵族共和制的另一特色是首领仍称国王，但由属于刹帝利瓦尔纳的贵族会议选举而不世袭。另外，这一时期最典型的发展是专制王权的不断壮大，例如摩揭陀国通过多年征战，瓶沙王（约公元前544—前493年在位）治下的村镇有八万个，国土大增。

列国时代，恒河中下游经济最为发达，城市众多，工商业兴盛。当时铁器已普遍使用，农业生产力水平和产量大有提高；手工业分工细密，产品技艺专精。佛经中所记手工匠人即有 18 种之多，金银珠宝、香料香水、精纺纱麻等印度传统工艺品蜚声国外，交易频繁。因此，在繁荣的国内市场之外，印度还有活跃的海外贸易，与斯里兰卡、缅甸和西亚有海运联系，由键陀罗经阿富汗则可北通中亚、西连波斯。各种商业活动反映了城市商品经济发展的程度，它与王权壮大相适应，给以种姓制度为支柱的等级关系猛烈的冲击。王权壮大使刹帝利的财富和势力急剧增加，更不能容忍婆罗门以第一等级凌驾其上；城市经济的发展使吠舍中的工商业者日趋富有，他们也成为腰缠万贯的奴隶主，自然也不满婆罗门的特权。另外，处于下层的劳动人民，生活状况却日趋下降，饥寒交迫、备受歧视，在暴虐的国王统治下更是朝不保夕。因此列国时代也是各种矛盾尖锐集中的苦难之世，人民的反抗此起彼伏。

摩揭陀国在难陀家族统治时期达到鼎盛，于公元前 4 世纪最终完成了几代帝王的夙愿，统一了恒河流域，使摩揭陀成为恒河流域真正的霸主。这时的摩揭陀国领土包括整个恒河流域和部分中印度地区，成为印度次大陆的第一强国。这时其政治、经济、军事以及文化都有很大的发展，尤以军事的发展最为突出。其军队的规模也颇为壮观，据希腊文献提到，摩揭陀的难陀王朝末年有步兵 20 万，骑兵 2 万，战车 2000 辆，战象 3000 头。然而摩揭陀的末代统治者丹那·难陀是一位十分残暴的国王。他横征暴敛，激起了各阶层人们的极大不满，他的统治并不稳固。这时，一个叫旃陀罗笈多的人领导人民起义，摧翻了腐败的难陀王朝，建立了孔雀王朝。

战象

战象是在古代战争史上曾出现过的一种特种部队，在战争中发挥着现代部队中坦克的作用。经过训练的战象在作战时冲锋陷阵，勇猛无敌，能破城门、毁营垒、折武器、踏敌军、陷敌阵，常给敌方造成极大的杀伤。战象是古代一些地区的重要作战武器，一般为七人战斗，形成一个小型战队。战象都是公象，因为公象速度更快而且更好斗。战象也许算是战场上应用最早的恐怖武器了。

孔雀王朝

列国时代终结，印度进入孔雀帝国时期。这是印度次大陆历史上第一次大统一的时期，标志着印度文明进入一个新的发展阶段。

孔雀帝国是继摩揭陀国后古印度的又一个重要王朝，它存在的时间为公元前321至前187年。由于其建立者旃陀罗笈多（月护王）出身于吠陀种姓的孔雀族，因而得名。旃陀罗笈多建立的孔雀王朝统治印度和阿富汗地区长达134年之久，使孔雀帝国成为与同时代的古罗马、中国并称的世界强国之一，名噪一时。

旃陀罗笈多是一位极富传奇色彩的人物。他年轻时曾被当政的难陀王朝驱逐，因此怀恨在心，但苦于势单力薄，所以一直寻找机会复仇并夺取政权。当时，北部印度河流域已经于公元前518年被波斯人侵占，沦为波斯帝国的一个行省。公元前327年，

马其顿国王亚历山大在灭亡波斯帝国后侵入了印度河流域。亚历山大试图乘胜东进，征服恒河流域，但慑于摩揭陀国的强大，加上士兵在连年争战中已经厌倦了这样的生活，厌倦了讨伐，于是亚历山大放弃了原来的计划，于两年后撤军。此时，西北地区由于亚历山大的撤退留下了一个政治空白，同时也给了旃陀罗笈多一个天赐的良机。

旃陀罗笈多见时机成熟，便发动起义。旃陀罗笈多的军队主要由下层人民组成。他领导的起义是反对外族统治和难陀王朝暴政的人民起义，所以得到了广泛的拥护和大力支持。

旃陀罗笈多起兵后，矛头首先直指外来的侵略者——马其顿军队，与之进行了激烈的交战。约公元前324年，旃陀罗笈多在印度西北自立为王。在沉重打击马其顿人后，旃陀罗笈多

挥师东下，进攻难陀王朝。善于谋略的旃陀罗笈多并没有直取华氏城，而是先消灭其他地方的难陀王朝的军队，最后轻易地攻下了华氏城，推翻了难陀王朝。随后，旃陀罗笈多回师印度西北地区。慑于旃陀罗笈多强大的力量，马其顿军队的主力于公元前315年撤出，余下的小股军队在印度苟延残喘，不久也都被旃陀罗笈多的部队消灭。这样，旃陀罗笈多征服了北部印度，建立了孔雀王朝，在历史上第

一次统一了北部印度。

在接下来的25年间，孔雀王朝在旃陀罗笈多的带领下，在军事和外交上取得了双丰收。他依靠其军事力量建立了古印度历史上第一个统一印度河—恒河流域的大帝国，而且开创性地与西方人建立了外交关系。他与希腊人的塞琉古王国建立了友好关系。当时，塞琉古王国将一位公主嫁给旃陀罗笈多，并派遣麦加昔尼为驻孔雀帝国大使。作为报答，印度回赠给当时的塞琉古王朝尼卡多国王500头战象。由于与西方外交关系的建立，使南亚次大陆首次有了较为确切的纪年。

旃陀罗笈多统治25年后，传位给他的儿子宾头娑罗（约公元前297—前272年在位）。宾头娑罗继位后，用铁腕政策大力巩固帝国的统治，他残酷地镇压了西北印度咀叉始罗城的人民起义。在对外关系上，他继续其父的政策，与西方国家保持友好的外交往来。宾头娑罗在政治和军事上作出的最主要的贡献，同时也是他最重要的行动，就是对南部印度的成功扩张。

宾头娑罗对南部印度的征服战争，表明印度次大陆南北地区开始走向统一，具有重要的历史意义。而这一伟大的事业最终是由他的儿子阿育王完成的。

↓旃陀罗笈多雕像

第二章 从野蛮到文明

约公元前 273 年，宾头娑罗病死，其子阿育王成为孔雀帝国的第三代国王。阿育王是一位有作为的政治家、军事家、宗教领袖。他在位时期，孔雀王朝盛极一时，成为雄踞南亚次大陆的强国。

阿育王是一位极富传奇色彩的国王，有关他的诞生就有一个宗教神话故事。在梵文佛教故事集《天譬喻经》中有一则故事叫《阇耶献土》，说的是有一个名叫阇耶的小男孩，一天正在街上玩耍，正好遇见佛陀行乞。他见没有什么东西可以施舍给佛陀，便天真地捧起一把沙土献给他。这个奉献沙土的男孩，后来就投胎转世为孔雀王朝的阿育王，他占有全印度广袤的国土。作为印度孔雀王朝的开拓者旃陀罗笈多之孙，阿育王沿袭了祖父辈好战扩张的传统，在他当政期间统一了除印度半岛南端外的整个印度。

为了不断扩充所辖版图，阿育王充分暴露了他人性中凶残的一面，他亲率大军攻城略地，屠杀无辜百姓。据文献记载，他在征服南部羯陵伽国时，当地的民众有 10 万人被杀，15 万人遭放逐，还有许多倍于此数的人死于战乱。此次战争后，阿育王的思想和统治政策发生了重大的变化，他开始为自己的暴虐而忏悔，转而皈依佛教。

阿育王统治时期是帝国的极盛时代，建立了高度的中央集权，全国推行了统一的货币、度量衡，有了通往全国各地的重要交通枢纽。尽管还没有统一语言文字，但在全国大部分地区接受了婆罗门种姓制度，佛教成为孔雀帝国的国教。但是，由于这个帝国是靠武力统一起来的，缺乏稳定的基础，在阿育王死后不久，帝国即告分裂。约公元前 187 年，孔雀帝国的末代帝王布里哈德罗陀被其部将所杀，孔雀帝国统治时期宣告结束。

《政事论》是孔雀王朝时期一部重要的治国法典，也是古印度历史上一部非常重要的著作，同时还是世界上最早的较为系统的政治经济著作之一。《政事论》成书于公元前 4 世纪末到公元前 3 世纪初。印度历史学家认为，该书作者是孔雀帝国的开国重臣、军师考底利耶，后人又有所篡改和增补，一共有 15 卷，主要是政治、经济、法律、军事、外交等方面的内容，系统地总结了孔雀帝国初期治理国家的经验和策略，受到古代印度统治者的重视，被誉为"治国经典"。

《政事论》分为两部分。前一部分的主要内容包括内阁的构成；国家主要的内政外交政策；政府各部门包括农业、税收、行政等职能；处理各种纠纷和冲突的规定，其中有类似现代民法和刑法的不同内容。后一部分主要谈外交策略和军事战略、战术。

对于如何挑选官员，《政事论》也有独到的论述。书中讲了国王挑选高级大臣的八条原则：第一，从大臣的亲属那里了解他的籍贯、出身和自制能力；第二，通过学者了解其才学；第三，在工作实践中了解他的智慧、韧性和能力；第四，通过交谈了解其口才、胆识和才干；第五，通过他对灾难的应对能力来考察其精力、魄力、忍耐性；第六，从交际往来中看其是不是正直、友善、坚贞；第七，从他的同伴那里了解其举止行动，看其是不是身体健康、强壮有力；第八，根据观察了解其是否善于结交，不到处树敌。这些经验至今仍有一定的参考价值。

《政事论》是世界上最早系统论述间谍理论和方法的著作。作者认为，间谍实施的每个行动都是为了国家的安全和利益，国王的特务在必要时可以理所当然、无所顾忌、不择手段地达到目的。因此，孔雀王朝的密探政治成为国王治国的法宝之一，密探（包括女间谍）装扮成僧人、农民、商贩、妓女、艺人等形形色色身份的人，潜伏于各级官吏身边和各地，并用写密码、做暗号等方法及时呈递情报。这本书还有有关使用间谍方法的记载，这可能是相关内容最早的记载。

《政事论》论述了战略战术问题，其中有些主张与我国战国以后出现的兵书有很多相似的地方，比如远交近攻的思想、瓦解敌人内部的手段以及行军作战中的各种战术问题等。

该书还系统地反映了孔雀王朝商品贸易以及货币经济的运行状况。这些记录使人感到这不是一本政论著作，而更像一份生产报表。孔雀王国运转依赖国家税收，税收机关是当时最主要的国家机器，《政事论》提到的税种

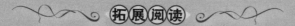

拓展阅读

古罗马文明

古罗马文明通常指从公元前 9 世纪初在意大利半岛中部兴起的文明，历罗马王政时代、罗马共和国，于 1 世纪前后扩张成为横跨欧洲、亚洲、非洲，称霸地中海的庞大罗马帝国。到 395 年，罗马帝国分裂为东西两部。西罗马帝国亡于 476 年，而东罗马帝国（即拜占庭帝国）则在 1453 年被奥斯曼帝国所灭。

涵盖社会各个层面。政府对行会控制十分严格，定期检查，以防作弊和违规。为有效地保证税源，建立了严格的户籍登记制。帝国官员、王室成员直到仆役，薪水的数额在《政事论》中都有规定。由此可见，《政事论》不仅是孔雀王朝国家管理的重要法典，而且是一本治国百科全书。

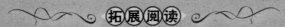

拓展阅读

法 典

法典是就某一现行的部门法进行编纂而制定的比较系统的法律文件，是现行法系统化的表现形式之一。为了便于查阅、适用法律规范和消除法律、法规存在的缺陷，需要对现行法律、法规进行整理，使之系统化。法律、法规系统化的方法有两种，即法典编纂和法律、法规汇编。

古文明浅读

深远影响亚洲的文明——古印度文明

贵霜王国

孔雀王朝灭亡后，印度次大陆长期陷于四分五裂之中。普士亚密多罗·巽加杀死孔雀王朝末代国王布里哈德罗陀后，建立起一个新王朝，即巽加王朝（公元前185—前73年），首都华氏城。巽加王朝已不像孔雀王朝那样强盛了，其统治范围只限于恒河中、下游地区。公元前75年，巽加王朝末代国王在一次宫廷政变中被一个女奴杀死，王朝覆灭。婆罗门大臣伐苏迪跋乘机篡取了王位，建立甘婆王朝（公元前73—前26年）。甘婆王朝更是个苟安于一隅的小朝廷，它统治的地区只限于摩揭陀附近地区，而且很不稳定。公元前30年，甘婆王朝又被南印度的安度罗国所灭，

公元前2世纪前期，大夏的德米特里二世侵入印度河流域，以奢羯罗为首都。到米南德王（公元前153—前130年）统治时期，势力扩展到恒河流域的马土腊，并进攻过阿瑜陀城，但被巽加王朝击退。米南德王信奉佛教，支持佛教在西北印度和中亚传播，于是这里便成为佛教的中心。

继大夏、希腊人入侵之后，公元前1世纪下半叶，来自中亚的塞族人又侵入西北印度。公元1世纪中叶，他们在印度河和恒河上游地区建立了政权。此后，塞族人的势力扩展到印度河下游和印度西部地区，在那里建立了20多个州长国家。塞族人在印度西北部和西部建立的国家，后来大部分被贵霜王国所灭，个别的一直存在到公元4世纪，为笈多王朝所灭。

印度次大陆南部的主要国家有安度罗国和羯陵伽国。安度罗国自孔雀王朝末期独立到公元318年灭亡，作为独立国家存在了500余年。该国在萨塔瓦哈纳王朝（公元前78—公元318年）时期国势强盛。公元2世纪

时，它的版图北起温德亚山脉，南至克里希纳河，东临孟加拉湾，西濒阿拉伯海，包括德干高原中部和北部的广大地区。在塞族人和贵霜人入侵印度的威胁下，安度罗国凭借自己强大的武力，维护了中印度和南印度的独立和繁荣。公元前 30 年，它曾北上恒河流域，灭掉了摩揭陀的甘婆王朝。

羯陵伽国独立后，在公元 1 世纪卡罗维拉国王统治下强盛一时，其军队曾打到印度次大陆北方，还远征过南方，但后来的情况缺乏历史记载。

印度次大陆的四分五裂，给外来的入侵者造成了可乘之机。从公元 1 世纪中叶起到 3 世纪，印度次大陆北部大部分地区又被来自中亚的大月氏人国家——贵霜王国所征服。

公元 1 世纪中叶，当罗马和帕提亚两个强国在西亚角逐时，中亚细亚兴起了一个强大的国家，即贵霜王国。关于贵霜王国的起源，《史记》《汉书》《后汉书》里都有比较翔实的记载，是关于贵霜王国早期历史最重要的史料。贵霜王国是大月氏人所建，大月氏人最初居住在中国西部敦煌、祁连山一带，势力强大。到公元前 2 世纪初，被匈奴击败，西迁至阿姆河流域，以后又灭巴克特利亚，统治整个阿姆河、锡尔河流域。公元前 128 年（中国西汉汉武帝元朔元年），张骞曾访问过据有巴克特利亚的大月氏。

据《后汉书·西域传》载，大月氏分为五个部分，首领均称为"翕侯"。其后五翕侯中的贵霜翕侯丘就却攻灭其他翕侯，自立为王，约在公元 1 世纪中叶建立了贵霜王国。《后汉书》中所记贵霜诸王的名号，多数可以从发现的贵霜钱币上得到证实。

↑贵霜钱币

贵霜王国建立后，国势非常强盛。丘就却南下攻占喀布尔，并把西北的花剌子模置于统治之下。丘就却的儿子阎膏珍又南侵印度，直到贝拿勒斯，取得了对恒河流域的统治权。到了迦腻色伽（公元 127—151 年在位）时，贵霜战胜帕提亚，扩大了在北印度的统治范围，包括恒河和印度河流域。这时贵霜王国的疆域西起咸海，东至葱岭，形成中亚细亚一个庞大的王国，国都富楼沙（今白沙瓦）。

大月氏人自中国西部迁到巴克特

利亚定居以后，经济生活和社会制度都发生了很大变化。农业生产在缓慢地发展，由于铁器农具的普遍使用，耕作已比以前精细，农具式样有所改进。据咀叉始罗考古发现，属于公元1世纪的铁斧、铁锹，式样与以往均有所不同。同时，水利灌溉普遍受到重视。耕作技术包括耕耘、播种、施肥都开始讲究细作。这一时期的文献中有许多关于农业技术和农业过程的描述。文献还讲到蔬菜、果树种植种类的多种多样，表明园艺技术也有进步。

当时，手工业和商业的发展较农业迅速，印度的铁制品和钢制品已远销埃及；棉纺织品工艺精细，染成各种颜色，色彩绚丽，受到欧洲人的喜爱。欧洲人讲到印度布时，说它"薄得像蛇蜕，看不见纱"。在中国蚕丝传入后，印度人学会了植桑和丝织技术。在西北部地区，毛织业有了发展，毛织品在希腊等国家有很大的市场，象牙制品也远销罗马。

贵霜王国的建立进一步开拓了印度与中亚和西方的贸易通道。此时，从中国到西方的丝绸之路穿过贵霜王国，印度商人沿丝绸之路在中亚设立许多商栈和侨居地，不仅作为中间商人把中国的丝绸、漆器及其他工艺品销往安息和罗马帝国，把罗马帝国的玻璃器皿、铅和宝石等销往东方，而且把往来商品的一部分运到印度，把印度的棉布、香料、宝石、象牙、丝绸、钢制品等运到西方。

罗马贵妇人以穿用中国丝绸、印度棉布为荣，又酷爱印度的珠宝、钻石、孔雀、鹦鹉、猴子等。

印度与罗马帝国的贸易是顺差，罗马金币和黄金大量流入印度，以致罗马统治者后来不得不禁止输入印度细棉布、胡椒和钢制品。在南印度，也有比较发达的对外贸易，往西与阿拉伯半岛、红海沿岸、东北非、地中海、罗马帝国的欧洲领土，往东与东南亚各国都有频繁的贸易往来。考古发现，在阿里卡梅杜港（今本地治里附近）有罗马帝国商人的贸易站，其遗址有大量罗马钱币和玻璃器皿出土。

商品货币关系的发展引起的重要社会变动之一是奴隶制走向衰落。其原因是奴隶价格昂贵，而在商品经济有了发展的情况下，雇工的工资较为便宜，使用雇工比使用奴隶既省钱又省事；奴隶制的存在对维护种姓制是

第二章 从野蛮到文明

↑古罗马钱币

反映奴隶制衰落的资料主要见于晚期的法论，比如，《政事论》提出不要再把自由人变成奴隶，主张国王下令解放能交出赎金的奴隶，把原奴隶耕种的王室土地出租给佃农耕种。

《那罗陀法论》规定，奴隶劳动只限于清扫门口、厕所等不洁工作，不能从事属于劳动者职业的洁净工作。就是说，把奴隶排除在生产劳动之外。该法论还按来源不同把奴隶分成15类，提出其中大部分的解放条件，比如，在约定期内被奴役的，期满即可解放；债奴只要还清债务和利息就可解放等。

《那罗陀法论》还规定了解放奴隶的仪式：主人从奴隶肩上取下水罐打碎，或用混有谷物和花瓣的水浇洒在奴隶头上，或宣布他（她）是自由人，让他（她）向东方离去。

一个妨碍，在婆罗门看来，维护种姓制比维护奴隶制作用更大；奴隶制的存在是一个社会不安定的因素，主人的虐待会引起反抗，奴隶逃亡的事时有发生。既然奴隶在生产中所起作用很小，没有必要让这种不安定的因素继续存在。

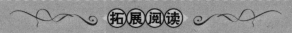

拓展阅读

丝绸之路

丝绸之路简称丝路，是指中国西汉（公元前202年—公元8年）时，由张骞出使西域开辟的以长安（今陕西西安）为起点，经甘肃、新疆，到中亚、西亚，并连接地中海各国的陆上通道（这条道路也被称为"西北丝绸之路"以区别日后另外两条冠以"丝绸之路"名称的交通路线）。因为由这条路西运的货物中以丝绸制品的影响最大，故得此名。其基本走向定于两汉时期，包括南道、中道、北道三条路线。

笈多王朝

贵霜王国入侵浪潮退去之后，北印度又分裂为许多独立的君主国和共和国。当时统治今西孟加拉邦北部和比哈尔邦南部的是一个叫室利·笈多的国王。他的王国在他孙子旃陀罗·笈多的时代强大起来。旃陀罗·笈多因同离车族公主拘玛罗·提毗结婚而扩充了自己的实力。他自称"伟大的王中最高的王"，不仅统治了阿拉哈巴德、奥德和南比哈尔，还将势力扩展到原属于那伽人的恒河和亚穆纳河流域。他定都于华氏城，建立了以公元320年为元年的新纪元——笈多纪元，并且发行了新的金币，金币上刻有他和王后以及盟国离车的名字。

旃陀罗·笈多指定儿子萨摩陀罗·笈多为继承人，而后隐居死去。萨摩陀罗·笈多是一位以武功著称的国王。萨摩陀罗·笈多在漫长的统治生涯中四处征战，吞并了孟加拉、阿萨姆、北方邦以及马尔瓦地区的若干王国和部落，推翻了贵霜和塞人的统治。他也曾率兵远征东南印度，最远到达建志，迫使当地的国王和酋长们

↓华氏城

称臣纳贡。这样，到他去世的时候，笈多王国已经占有了东起布拉马普特拉河，西至亚穆纳河与昌巴尔河，北起喜马拉雅山，南到纳巴达河的广大领土，因而萨摩陀罗·笈多被称为"征服者国王"。

萨摩陀罗·笈多精通印度的传统经典，喜欢诗歌音乐，当时发行的钱币上就有他抚奏维那琴的图案。他自己也从事创作，号称"诗王"，当时常有一批著名的诗人和学者聚集在他的周围。在宗教方面，他的政策是宽容的。他是印度教的信徒，但他并不排斥其他宗教。大乘佛教瑜伽行派创始人之一世亲是他宫廷里的常客。

萨摩陀罗·笈多的儿子和继承人超日王是印度古代最有名的帝王之一，其正式称号为旃陀罗·笈多二世。他承袭前代君主和亲与武力开边的两手政策，娶了那伽族酋长的女儿，并把自己的女儿嫁给德干的伐迦陀迦国王，然后出兵赶走了最后一个塞人西方总督楼陀罗辛哈三世，取代了楼陀罗辛哈三世对西马尔瓦和卡提阿瓦半岛的统治，首都也从华氏城迁到了优禅尼。至此，除旁遮普西部和克什米尔以外，北印度几乎已全部入其版图。

超日王极其注重对于文学和艺术的奖掖。在他的宫廷里，有所谓"九宝"，其中有印度历史上最伟大的梵文诗人迦梨陀娑。在建筑、雕塑和其他艺术方面，超日王时代也成就斐然。我国高僧法显曾在超日王统治期间访问印度，居留印度六年，在《佛国记》中具体而生动地记载了当时的印度社会和人民生活的情况。

↑法 显

法显（公元 337—422 年）为中国东晋名僧，俗姓龚，山西平阳郡武阳（今襄垣县）人，因中国经律舛阙，律藏不备，矢志到印度求经。公元399年，法显从长安出发，经新疆，越葱岭，过中亚，历尽千辛万苦，约于402年进入印度河流域，然后转入恒河流域。法显在印度遍访佛教中心地，探寻佛教经典。

在摩揭陀国首都华氏城，法显用三年学习梵文，阅读梵书，抄写经律，后他又从恒河出海口乘船，南渡师子国（今斯里兰卡），又停留两年。411

↑佛陀雕像

说当时的印度人"举国人民悉不杀生，不饮酒，不食葱蒜，唯除旃荼罗"，"国中不养猪鸡，不卖牲口，市无屠酤及沽酒者，货易则用贝齿，唯旃荼罗、猎师卖肉耳"。由此可以了解古印度的经济生活和人们的生活习惯。

关于超日王时期的政治情况，法显也有所记述。他说："人民殷乐，无户籍官法，唯耕王地者乃输地利，欲去便去，欲住便住。王治不用刑罔，有罪者但罚其钱，随事轻重，虽复谋为恶逆，不过截右手而已。"足见当时政治形势比较稳定，罪犯不多，刑罚也不太重。国家官吏都从政府拿俸禄，即所谓"王之侍卫、左右，皆有供禄"。

此外，法显还提到超日王时期华氏城里施医舍药的情况。"其国长者、居士各于城中立福德医药舍，凡国中贫穷、孤独、残跛、一切病人，皆诣此舍，种种供给。医师看病随宜，饮食及汤药皆令得安，差者自去。"在华氏城里设立医院，为鳏寡孤独、贫穷残者治病，免费供给医药和食宿，表明此时印度的慈善事业和医疗事业已经具有相当的规模。

旃多罗·笈多二世去世后，其子鸠摩罗·笈多继位。他统治40年，王国继续保持和平繁荣的局面。到斯坎达·笈多统治时，占领了巴克特利亚的白匈奴人从西北部入侵印度河流域，

年，法显横渡印度洋，经耶婆提（苏门答腊），随风暴漂抵山东崂山（412年），次年回到东晋首都建康（今南京）。后来，法显把历经十五年三十余国的印度求经见闻写成《佛国记》（又名《法显传》）。这是中印文化交流史上的一件大事，法显作出了杰出的贡献。

法显记述了超日王统治时期北印度的一些情况。法显说笈多王朝统治下"中天竺"一带"寒暑调和，无霜雪，人民殷乐"，"民人富盛、竞行仁义"。这表明北印度地区气候温和，适于农作，经济繁荣，人民富庶。法显

被击退。

笈多王国的建立为次大陆大部分地区创造了较长时期的和平安定局面，这对印度社会经济的发展十分有利。笈多王国统治者是婆罗门教的信奉者，对其他宗教实行兼容并蓄的政策。

农业方面，笈多王朝重视兴修水利工程和开荒，许多地方修建了水库、蓄水池。在索拉施特拉的吉里纳加尔附近修建的苏达尔萨纳水库，规模宏大，使很多农田受益。重视水利使灌溉面积扩大，大量垦荒使耕地面积增加。耕种技术也越来越受到重视，一般都是区别土壤、因地制宜，种植最适合的作物。农产品种类很多，今日印度的农产品种类（包括粮食、蔬菜、瓜果）那时大部分都有。农产量增加，稻米和小麦已能出

口。桑树种植与养蚕业也兴盛起来。

手工业发展表现在铜、铁等金属的开采、冶炼和铸造取得了很大进步。公元415年，在德里库特卜尖塔附近竖立的著名的铁柱，高7米多，虽经一千多年的风吹雨打，迄今未曾锈蚀，说明当时的冶炼水平很高。造船业有了发展，这一时期已能建造载100人以上的大型多桨帆船。建筑技术有新的进步，普遍以砖石代替土木，佛塔、庙宇、石窟等的建造工艺较以前更复杂、更精巧。纺织工业进一步发展，平纹细棉布蜚声国外，地毯、毛毯的制造业也日益兴盛。

笈多王国内外贸易都很活跃。王国中央政府重视修筑和养护道路，鼓励商业发展。笈多王国发行的金币在古代印度是最多的，银币也不少，货

→德里库特卜尖塔

↑笈多王国的金币

币流通量的增加对商业的繁荣是一个有力的促进。商业发展的突出现象是北印度与南印度间贸易往来的加强。陆上干线主要有两条，一条是横穿占谢浦尔沿东海岸的路线；另一条是经过乌贾因、纳西克和卡瓦尔沿西海岸的路线。这两条干线把南北连接起来，使北方的手工业制品远销南方，有力地促进了南方经济的发展。

印度商人在东南亚设立许多商站并移民各地，移民、传教和商业活动使古印度文化传播到东南亚许多国家，包括缅甸、暹罗、越南、马来亚、印度尼西亚等。印度文化扩展到东南亚就始于这个时期。这一时期的输出品仍以棉纺织品、香料、珠宝、象牙制品、兰靛等为主。输入品除继续从西方进口金、银、铅、锡等贵金属外，从中亚、伊朗、阿拉伯国家进口良种马成为大宗，还从中国进口丝绸，从埃塞俄比亚进口象牙。印度商人有的

远至中国广州购买中国产品。印度商船穿梭于各个海面，印度商人成了当时亚洲最活跃的商业势力之一。

在生产力和商品经济发展的基础上，从笈多王国后期起，印度的土地关系开始发生重大变化，一是统治者向婆罗门、佛教寺院、少数官员和宠臣赠赐土地；二是村社上层人士占有更多的土地，使用雇工、佃农耕种。

对此，法显在《佛国记》中也有反映，他指出："诸国王、长者、居士为众僧起精舍供养，供给田宅、园圃、民户、牛犊，铁券书录，后王王相传，无敢废者，至今不绝。"这里指明国王、长者和居士都是拥有大量土地和财产的地主，他们又把土地、房屋、园圃、民户和牛犊等不动产和动产捐赠给寺院的僧侣，而且王王相传，代代如此，自然造成一批拥有大量土地、房屋和其他动产的宗教地主。这种捐

↓笈多帝国的银币

赠行为已经"铁券书录",经过合法手续,是有据可查的。

值得注意的是,法显提到的捐赠对象,除土地和牛犊之外,还有"民户"。所谓"民户",就是被束缚在土地上进行耕种依附的农民,他们随土地而转移。法显虽然没有说明这种"民户"的性质,但从他们被束缚在土地上,随土地转移,并有家室这些方面看,显然有别于一般奴隶,从一定意义上说是具有封建性质的农民。除这种"民户"之外,法显还提到了耕种王地、缴纳租税的自由农民,他们的自由程度比较大,"欲去便去,欲住便住",与随土地转移的"民户"形成鲜明的对比。

笈多王朝后期是印度向封建社会转变的开始,当时形成的私人封建主阶层基本上是宗教封建主,世俗封建主还很少。社会的主要矛盾已转变为封建主阶级(作为最高土地所有者的国家地主和大量私人地主)与农民阶级(村社农民和佃农)的矛盾。在国家管理严格时,各种土地受赐者还按照国家规定的税收标准向佃农收取,但只要有可能,他们就把国家的规定置于脑后,尽可能多地榨取,佃农的负担大大加重了。

公元 5 世纪以后,中亚民族匈奴人入侵,笈多王朝的各属国纷纷独立。笈多王朝的衰落,标志着古印度史的结束。

古文明浅读

深远影响亚洲的文明——古印度文明

曷利沙帝国

笈多王国瓦解后，一度统一的北印度再次陷于分裂状态。诸侯割据，群雄争霸，在实现统一的目标上最后取得成功的是旦尼沙的统治家族。

公元612年，旦尼沙的曷利沙·伐弹那在一系列的政治斗争中取得胜利，建立了曷利沙帝国，定都曲女城（今印度卡瑙季），历史上称他为戒日王，在曷利沙·伐弹那统治下的曷利沙帝国的势力范围主要是恒河中上游地区。

戒日王对孟加拉的讨伐持续了很长一段时间，但久攻不下，直到643年在迦摩缕波国国王的帮助下，两面夹击，终于彻底征服了这个国家。戒日王占领了西孟加拉，把东孟加拉划给迦摩缕波。正所谓螳螂捕蝉，黄雀在后。后者

不久也成了戒日王的藩属。戒日王还向西征服卡提阿瓦半岛上的伐拉毗，用联姻手段使之臣服于己，获得了西海岸诸港口，从此坐收海上贸易的利益。这样，除克什米尔、西旁遮普、拉其普他那、古吉拉特和东印边远地区外，北印度几乎都处在他的统治下。戒日王终于在北印度大部分地区建立了一个以曲女城为中心的大帝国。这不仅意味着北印度大部分地区又实现了统一，而且意味着北印度的政治、经济中心已由恒河下游转移到恒河中游。

戒日王是个非常有魄力的君主，

↓戒日王时期的壁画

在他的统治下，帝国基本保持政治稳定、经济发展，他在佛教发展和传播上也作出了重要的贡献。

戒日王非常重视保护、促进文学艺术，崇尚知识，尊重学者。由于他的支持和保护，那烂陀寺成了著名的教育和学术中心。他在文学上也有很高造诣，据说他写了三个剧本，两个是古典体裁的喜剧，一个是宗教题材的戏剧。

戒日王去世后，帝国立即陷于混乱状态。他女儿的儿子达罗犀那、他的大臣阿罗那顺等人都加入了争夺王位的行动。阿罗那顺夺取了恒河流域的许多地方后，统一的曷利沙帝国宣告覆亡。

你知道吗

戒日王的三个剧本

戒日王文武双全，不但会领兵打仗，而且擅长赋诗作剧，留传下来的戒日王的剧本有三部：《钟情记》《璎珞记》和《龙喜记》。

拓展阅读

戒日王

印度历史上的著名国王、剧作家兼诗人，成为一个统一了北印度的本地国王。戒日王是印度塔内萨尔王国普湿婆提王族第六代国王。公元 606 年，戒日王因其兄为邻国所杀而嗣位。他励精图治。六年后，他誓师复仇，进而以首都曲女城为中心，征伐四方。他是继笈多王朝后统一印度的著名国王，曾多次派遣使臣与中国唐朝通好；唐太宗亦派王玄策等人多次出使印度。在他统治的四十余年间，北印度相对稳定繁荣。

莫卧儿王朝

随着伊斯兰教兴起，7世纪末8世纪上半期，阿拉伯人在西亚、北非建立起一个大帝国。阿拉伯人的扩张范围也波及印度。但真正对印度全局发生重大影响的，是11~12世纪突厥人的入侵。他们是伊斯兰教徒，他们的入侵最终导致13世纪初穆斯林王朝——德里苏丹国在印度的建立和此后四个多世纪的统治。

1206年，突厥人在印度建立了由其统治的国家，从伊勒图特米什苏丹统治时起，首都迁至德里，德里苏丹国即由此得名。德里苏丹国共统治320年（1206—1526年），前后经历了五个王朝。德里苏丹国继奴隶王朝后，先后经历了哈尔吉王朝、图格鲁克王朝、萨依德王朝及洛迪王朝，德里苏丹政权也由盛而衰。最后，王朝在内忧外患的形势下，于1526年被巴布尔一举推翻，结束了德里苏丹对印度的统治，

宣布为印度斯坦皇帝，标志着莫卧儿王朝统治印度的开始。之后，巴布尔又经过1527年的坎努战役和1529年的戈格拉战役，统一了北印度。

1530年，胡马雍继位（1530—

↑ 胡马雍

第二章 从野蛮到文明

古文明浅读

深远影响亚洲的文明——
古印度文明

1556 年在位）。1540 年，胡马雍在曲女城战役中被比哈尔阿富口酋长舍尔沙击败，流亡波斯和阿富汗，莫卧儿王朝在印度的统治暂告中断。1555 年，胡马雍重征印度平原，占领德里和亚格拉，恢复了莫卧儿王朝在印度的统治。1556 年，阿克巴继位，实行了进步的内政改革，采取宽容的宗教政策，扩大了莫卧儿王朝统治印度的社会基础和政治基础。他建立了中央集权制，开疆拓土，统一了次大陆的广大地区，推动了印度社会经济不断向前发展。到查罕（1605—1627 年在位）和沙·贾汉（1628—1658 年在位）时代，莫卧儿王朝国势日盛。

奥朗则布统治时期，向南印度进行军事扩张，王朝版图几乎囊括了整个南亚次大陆，但他强制推行政教合一的政治体制，并恢复对印度教臣民迫害的政策，因而引起拉杰普特封建主、锡克教徒及马拉特人的强烈反抗。奥朗则布死后，各省总督纷纷独立割据，莫卧儿帝国陷入四分五裂的状态。1740—1761 年期间，德里的莫卧儿皇帝先后成为入侵印度的波斯人、阿富汗人及马拉特封建王公的傀儡，莫卧儿王朝名存实亡。1764 年，莫卧儿皇帝阿拉姆沙在布克萨尔战役中投降了英国东印度公司，莫卧儿王朝沦为英国殖民者的附庸，在名义上存在到

↓德里胡马雍墓

1858 年。莫卧儿王朝在英国殖民统治的铁蹄下宣告灭亡，源远流长的古印度文明至此也画上了休止符。

莫卧儿王朝通过阿克巴的内政改革，建立了君主专制的中央集权的军事官僚政治体制，权力集中于皇帝一身，由 4 名重要的大臣辅助。他们是掌握军事的"米尔·巴克希"，主管宗教、司法的"德尔·乌斯－苏杜尔"，掌握财政、税务的"迪万"，管理工厂、仓库的"米尔·萨曼"。此外，还有私人秘书等重要官员，仍保留宰相"瓦齐尔"的职位，但无实权。全国划分为 15 个"苏巴"（即省，奥朗则布时扩大到 21 个）。主管省政府的省督称"苏巴达尔"或"纳瓦布"，有 4 名重要官员协助其工作。各省的财政、税务和民事审判官"迪万"名义上由省督管辖，实际上起中央政府监视省督的作用。"帕尔加纳"（县）是农村行政的核心，其行政首长为"阿米勒"。省与县之间设置管辖若干县的"萨尔卡尔"（专区），由执行军事、行政、司法和警备任务的长官"福吉达尔"主管，他在贾吉尔达尔征收田赋时提供军事支持，镇压农民。莫卧儿王朝的行政制度实行军事化。从阿克巴开始，将所有文武官吏分为 33 级，按军事方式编制，其俸禄按品级高低领有大小不等的贾吉尔——军事封建领地。

莫卧儿时期有三种土地占有形式，即直属国王的封建领地、贾吉尔达尔的非世袭领地贾吉尔、柴明达尔制度的世袭领地。直属国王的封建领地约占全国耕地的 1/2，主要在德里和亚格拉地区，其收入主要用于维持皇室、宫廷官员和卫队。

贾吉尔制度早在德里苏丹国时期就已实施，那时称"伊克塔"。16～17 世纪中叶，贾吉尔成为莫卧儿时期土地占有的基本形式。在查罕杰统治时，贾吉尔约占全国耕地的 70%，贾吉尔的持有者称贾吉尔达尔。17 世纪中叶，印度共有 8210 个贾吉尔达尔，分上中下三层，分布全国各地。上层 68 个由王子和贵族组成，中层 587 个，下层 7555 个。他们彼此之间无隶属关系。贾吉尔达尔对其贾吉尔没有所有权，只有征收规定的田赋和名义上非法、实际上合法的各种杂税的权力。贾吉尔达尔持有贾吉尔，必须以服军役为条件。贾吉尔是非世袭的，甚至是非终身的，但是到奥朗则布统治时期，贾吉尔同柴明达尔制领地渐趋一致。

莫卧儿社会仍以农业经济为主，农业中商品生产扩大，出现商品粮和棉花、生丝、蓝靛、烟草等经济作物的专业化产区，产品远销欧亚市场。

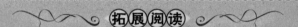

拓展阅读

中央集权制

中央集权制是国家权力集中由中央政府统一行使的制度，为地方分权的对称。在这种制度下，地方政府在中央政府的严格控制下行使职权，由中央委派的官员或由地方选出的官员代表中央管理地方行政事务，地方居民没有自治权，有的地方虽设有自治机关，但自治机关受中央政府的严格控制。15 世纪后期到 16 世纪初，欧洲许多国家建立了中央集权制。中国自秦始皇建立统一的中央集权封建制国家以后，两千多年来一直沿袭这一制度。

莫卧儿时期的手工业十分发达，主要手工业生产的技术水平超过当时欧洲的先进国家。手工业生产的主要形式是封建制经济的作坊和家庭手工业，大型官营作坊的优质产品主要为满足宫廷和贵族奢侈生活的需要，其次才供出口。在一些港口城市，包买商通过预付款项、提供原料并收购其产品等手段来控制手工业者的小型作坊的生产，但尚未出现先进的工场手工业。

商品经济的发展促使商业和外贸的发展。16～18 世纪印度的一些主要城市虽仍是封建统治的政治中心和贵族的消费基地，但已开始起着工商业中心的作用。德里、亚格拉、拉合尔、阿默达巴德的城市规模可与当时的北京、巴黎、伦敦相比。活跃的商业贸易逐步打破了各地区的闭塞隔绝状态，沿着陆路和水路商道形成许多区域性的国内市场。孟加拉和古吉拉特则是对外贸易最发达的地区，商船往来欧

古文明浅读 深远影响亚洲的文明——古印度文明

亚非各地及中国。商品经济和货币交换的发展促使商人资本的兴起，拥有雄厚货币资本的钱商在各大城市开设钱庄、银行，经营存放款业务，发行期票和汇票。财力雄厚的班尼亚商人充当皇室、贵族及官方的御用商人和财政金融经纪人，但这时期的商业资本尚未转化为资本主义性质的产业资本。

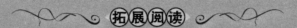

拓展阅读

锡克教

　　锡克教于16世纪由那纳克创立，是在莫卧儿王朝时期印度教和伊斯兰教的交流中萌芽的，它最初只是印度教虔诚派改革运动的一个分支，后来发展成为一个独立的宗教。锡克教徒早期非常尊重本教的首领，尊称为"祖师"。从第一代祖师那纳克（1469—1539）算起，到戈宾德·辛哈（1666—1708）为止，先后共有10位祖师。戈宾德·辛哈去世前指定宗教经典《阿底格兰特》为第11任祖师。

　　古印度众多的劳动人民生活在精心设计的城市中。城内的街区井然有序，封闭设计的住宅避开了街市的喧闹；家庭的组织形式多种多样；社交礼仪风俗名目繁多，体现出当时人们的精神风貌和文明程度；人们的日常生活内容也非常丰富，歌唱、舞蹈、健身、下棋、赌博、集会，为我们展现了一个绚丽多姿的古印度文明。

第三章

多彩的社会生活

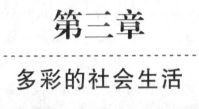

发达的城市

摩亨佐·达罗是古印度河城市的典型代表，而摩亨佐·达罗就是这座精致城市的规划设计者。

走进摩亨佐·达罗这座城市，你不仅会为它的整齐有序的规划配置而叹服，而且犹如置身烧砖堡垒的世界。这些烧砖建材的尺寸大小，在远隔千里的哈拉巴和摩亨佐·达罗两地竟是一致的！从这一侧面我们可以看出那时的手工建材生产达到了十分惊人的规模，也反映出古代印度河流域城市的统一性和规范化。从两地城市规划布局的相似性，可以证明其设计都出自相同的工程师之手。

摩亨佐·达罗城的住宅体现了最严格的封闭设计，比如，朝街道的墙上不开窗，所有的大门都开在巷内，其目的是避开行人的窥视和街市的喧闹。住宅区内的窄巷密密麻麻，这种建筑街道网络，有人认为是一种严密

有秩序的政体的集中体现。

摩亨佐·达罗城还有一个令现代人惊讶的突出的优点，就是它发达的给排水系统和卫生设备。全城设有复杂的排污下水道系统，遍及全城，污水从其中排出，经小巷流入沿各大街中央铺设的阴沟排出城外。

自哈拉巴文明以来，古印度人就特别讲究水的卫生。虽然附近的河流可以为城市提供用水，但地下水更加洁净卫生。早在公元前 3000 年至前 2000 年，他们就挖掘了大量的水井。在摩亨佐·达罗城中，大约建有 700 口的井和贮水池。据一些学者研究，该城大量的井已使用上千年，这些水井深 10～15 米，由特殊的楔形砖砌成，形成圆柱形结构，以承受来自周围土壤的压力，并可保持水源的洁净。

虽然城市都傍依河流，但城内都

分建水井，有的是街道的公用水井，有的是私人住宅的水井。井栏通常用砖圈砌而成，井的上部高于地平面，附近有一个小管道避免污水流入井里。这些经发掘出的砖砌水井形如一座座高大的堡垒，当你一想到这是公元前两千多年前的古先民建造的水井，就会感觉到这是当时世界上绝无仅有的精致生活的缩影。

在摩亨佐·达罗遗址上，水井有公共用的，也有家庭用的，大多数房屋里都有一口井，这主要是为了防止水污染和用水的洁净。

在卫生设施方面，古印度是世界上最富有发明创造的地区之一。在五千年前的古印度城市中就已经有了下水道和厕所，而同一时期，在美索不达米亚和埃及也有了同样的卫生设施，以至于历史学家将公元前3000年称为"清洁时代"。特别是摩亨佐·达罗的蹲式厕所，令20世纪的考古学家都喷喷称奇。这种厕所用砖作建筑材料，修砌整齐，便池开有竖槽，污水通过它流入街道的排水沟或污水坑里，十分卫生。

古印度另一个闻名于世的卫生设施就是大浴场。古印度人十分讲究个人卫生，他们认为水能够清洁、净化自己，没有沐浴的人不能和别人有身体上的接触，每次用膳前后也都要清洗一下身体。

↓摩亨佐·达罗富人住宅示意图

你知道吗

地下水

地下水泛指存在于地下多孔介质中的水，其中多孔介质包括孔隙介质、裂隙介质和岩溶介质。根据地下埋藏条件的不同，地下水可分为上层滞水、潜水和承压水三大类。上层滞水是由于局部的隔水作用，使下渗的大气降水停留在浅层的岩石裂缝或沉积层中所形成的蓄水体。潜水是埋藏于地表以下第一个稳定隔水层上的地下水，人们通常所见到的地下水多半是潜水。当地下水流出地面时就形成泉。承压水（自流水）是埋藏较深的、赋存于两个隔水层之间的地下水。

古文明浅读

深远影响亚洲的文明——古印度文明

在印度的宗教信仰中，沐浴被人们当作是一个非常重要的仪式，他们认为沐浴能够洗净自己的罪恶。这种习俗最早的源头在印度河城市文明时代。如在摩亨佐·达罗遗址就有一个独特的建筑，它是一个大浴场。浴池被一排排长长的走廊和众多房间所包围，它的水池长12米，宽约7米，最大深度为7米，与现代标准的游泳池相似，以至于很多人认为这是古代印度人的游泳池。在池的南北两侧各有一条通往池底的台阶。台阶的边缘有一些小枢，可装木板或踏板。如此之大的地下水池，一个重要的技术难题就是水池的防水性能。从遗址出土的实际情形看，古印度人以自己的聪明和智慧解决了这个技术难题。聪明的建造者首先在砖的选材上进行了严格的挑选，用非常合适的砖铺建，用石膏泥做砖层黏合剂。砖缝只有几毫米宽，体现了建造者精湛的技艺。为使水池彻底密封，他们还沿水池边涂上了一层厚沥青。

关于大浴场，至今还有许多未解之谜。比如，当时人们究竟用什么方法将水池注满，目前仍然不得而知。如果用人力和桶从井中打水注入池中，那将是一项非常艰巨的工程。另外。建造大浴场的目的是什么？是出于实用，还是出于宗教礼仪呢？但无论如何，它算得上是迄今为止发现的世界上最早的公共卫生设施，因为它比罗马人所建的公共浴场早了两千多年。

拓展阅读

给排水系统

给排水系统是任何建筑物都必不可少的重要组成部分。一般建筑物的给排水系统包括生活给水系统、生活排水系统和消防水系统。由于消防水系统与火灾自动报警系统、消防自动灭火系统密切相关，国家技术规范规定消防给水应由消防系统统一控制管理，因此消防给水系统由消防联动控制系统进行控制。生活给水系统主要是对给水系统的状态、参数进行监控与控制，保证系统的运行参数满足建筑物的供水要求以及供水系统的安全。

社会与家庭

社会生产关系的变革并未触动当时印度社会的基层组织制度——村社制度。国王们常常是将整个村社的土地连同村社成员一道封赐给封建贵族和寺院。转化为依附农民的村社成员继续生活在农村村社的体制框架之中。村社土地的所有权已转化为贵族和寺院的私人或集体封建地产，但依附农民仍然要向村社领种土地。可见，村社土地还保留着某种"集体所有制"的外壳。同样，依附农民的劳动产品也要通过村社集体征缴岁贡这一传统形式转化为封建租税。村社原有的组织机构、职事人员和耕作、管理制度在形式上亦无很大变化。村社仍是自成一体的社会实体，但由于村社内部的生产仍是以一家一户为主，所以印度的村社又绝非是农奴制式的封建庄园。

由于家庭基础不同，每个社会，甚至同一社会的不同地区，因受地理条件或文化传统不同的影响，产生家庭形式的差异。因此，在同一国度可能会看到几种不同形式的家庭，特别是在印度这样的国家里。

印度家庭的种类可以有不同的划分方法。按照婚姻关系和夫妻的数量可分两种，即一夫一妻制家庭和多夫或多妻制家庭。在现代印度社会里，前一类家庭属于多数，一些少数民族除外。后一类指一个女子同时和几个男子结婚，或一个男子同时娶几个妻子，这种婚姻结构的家庭在一些少数民族中较为多见。

按照居住地点可分为三种：从父居住的家庭、从母居住的家庭、独立的新家庭。所谓从父居住，就是男女结婚后住在丈夫的父亲家里；所谓从母居住就是男女结婚后居住在女方的母亲家里，这种家庭原系母系家庭；所谓独立的新家庭，是指男女结婚后独立单过，这种家庭在印度各大城市里多见。

按照权利可分为两种：父权制家庭、母权制家庭。在父权制家庭里，家中权利归丈夫，孩子由丈夫抚养，孩子的姓氏随父亲；父亲去世后，其权利由儿子继承。在这种家庭中，家中的事务由父亲安排，父亲为一家之主，广大印度教徒和穆斯林的家庭属于这类家庭。还有一些少数民族，如科里亚人和皮尔人的家庭也属于这类。在母权制家庭，妇女比男子权力大、地位高，财产归母亲，女儿拥有财产继承权，家谱以母亲为序。

按照家庭成员数量可分为三种：一是基本家庭，或叫核心家庭，这种家庭规模小、人数少，由夫妻及其未婚子女构成，印度各城市中都有这类家庭；二是联姻家庭，或叫亲缘家庭，在这种家庭中，除夫妇及其子女外，因婚姻关系，还有一些其他亲戚一起合住，印度一些土著部落中有这类家庭；三是联合家庭，一些基本家庭合住一起，吃住不分，以统一的经济形式生活，有福同享，有难同当，至今这类家庭还大量存在，印度教徒家庭大多属于这一类。

印度教社会生活的主要特点之一就是联合家庭制。实际上，非印度教徒也有这样的家庭，这样的家庭印度自古有之。有些吠陀咒语证明了这种家庭的古老性。古代印度人结婚时祭

司向新婚夫妇祝福道："你就生活在这里，永远不要离开，在自己家里将来与儿孙们一起娱乐，度过一生。"如果结婚后小家庭迁出单过，这样的祝福就无任何意义。无论如何，联合家庭制和种姓制一样，是印度教社会的最主要的组织结构，因此这种结构极大地影响了当地人们的生活。

联合家庭的特点：第一，规模大。这种家庭几代同堂，还有亲戚，一般规模都大，小则几十人，多则几百人或数百人。第二，"合作"性强。联合家庭的基础是"合作"，每个成员各尽所能，按需适当分配，一个家庭如同一个生产单位，成员之间彼此分工合作。第三，财产共有。联合家庭的财

你知道吗

释迦牟尼

释迦牟尼（约公元前624—前544，一说公元前565—前486），原名悉达多·乔达摩，古印度释迦族人，生于古印度迦毗罗卫国（今尼泊尔南部）。本为迦毗罗卫国太子，父为净饭王，母为摩耶夫人。他为佛教创始人，成佛后被称为释迦牟尼，尊称为佛陀，意思是觉悟者，也就是彻底觉悟宇宙和生命真相的人，在民间信仰中信徒也常称呼他为佛祖。

产为大家所有，不属任何个人。每个成员将劳动所得一律上交"家库"，由家长根据每个人的需要再进行分配。当然，这并不意味着所有成员对财产有同样的权利，也不是每个人的权利均等。可以说，共同的财产是联合家庭的一个特点，共同的财产对联合家庭组织的基础起着巩固作用，分割财产意味着联合家庭的瓦解。

印度人把名放在姓的前面，各地又有不同的组成规律。例如西印度，一般先说本人名，再说父亲名，最后才是姓；南印度是另一种情况，往往把村名同姓名连在一起，冠在人名之前，从他的名字便可以知道他是哪里的人。女子婚后要随丈夫姓。

印度教分四大种姓，不同种姓的人姓氏有不同的表示。婆罗门种姓的人要加"Sharma"等，刹帝利种姓的加一个"Varma"，吠舍种姓的加一个"Gupta"，首陀罗加一个"Dasa"等。

这种习惯也有变化，例如婆罗门种姓的人也有用"Dasa"的。有些人名之前加有称呼，而且称呼不止一个。例如我们最熟悉的释迦牟尼就是一例。"释迦"是族名，"牟尼"即圣贤，是对他的尊称，或称他"佛陀"也是一样，佛陀即"觉者"。这些都是对他一个人的尊称，日久天长，便成了他一个人的专用名。还有的把称呼加在名、姓之前，一起连用，例如"潘迪特·莫喇梯尔·尼赫鲁"就是如此。"潘迪特"是对他的称呼，"莫喇梯尔"是他的名字，"尼赫鲁"是姓。

关于"姓"的来历非常复杂，各地也有区别。例如西北印度的拉普特人和锡克人，多以"辛哈"为姓。"辛哈"一词意为狮子，取其勇敢之意。有些则以职业为姓，例如"迈哈达"，即扫地的人；有的以"乔特里"为姓，原意是村长，此姓也是对富有者的尊称，等等。

拓展阅读

家　谱

家谱又称族谱、家乘、祖谱、宗谱等，是一种以表谱形式记载一个以血缘关系为主体的家族世系繁衍和重要人物事迹的特殊图书体裁。家谱以记载父系家族世系、人物为中心，是由记载古代帝王诸侯世系、事迹而逐渐演变来的。家谱是一种特殊的文献，就其内容而言，是中国五千年文明史中最具有平民特色的文献，记载的是同宗共祖血缘集团世系人物和事迹等方面情况的历史图籍。

第三章　多彩的社会生活

日常生活及娱乐

古文明浅读　深远影响亚洲的文明——古印度文明

据历史人记载，古代印度人非常爱美，比如，印度河上游的卡泰奥伊人就是选择最美的人当国王。在那里，婴儿满两个月后要接受公众裁判，以断定他是否具有法律所要求的美貌，是否有活下去的价值。如果人们认为他丑陋，法官则判其死刑。这在世界上也是很独特的一种习俗。

古印度有自己的时尚传统。印度河流域的人们穿棉布做的长至膝盖的紧身衣，另外用一块布披在肩上。还有些讲究的印度人夏天打太阳伞，穿时髦的白色皮拖鞋。男人也戴耳环，并用许多最鲜艳的颜色染胡须，染成或雪白，或漆黑，或红，或紫，或草绿等各种颜色。贵族妇女头戴金星，并佩戴镶有宝石的项链和手镯。恒河流域的贵族姑娘穿着用亚麻布或黄色、红色丝织品做的华丽衣服，并束腰带，戴有铃铛的脚镯。不仅女子化妆，在

大城市一些男子也化妆，他们每日沐浴后，身体敷上香油，衣服也撒上少许香料。他们用药膏点染眼睛，用颜色染红嘴唇，再涂上薄薄的一层蜡以免红色褪去。

古印度人的服饰也是各式各样的。在著名的"牧师—国王"雕像的长袍上，饰有中空的圆形、双圆和山叶形的精致图案，最初填有红色的颜料，衣服的其余部分可能用其他颜料作色，但是没有颜料被保留下来的痕迹。袍子可能是经过刺绣、贴花或者装饰兽皮加工而成的。从雕像看，该男子穿的长袍很明显是仪式用装。

合体的衣服再佩戴珠宝和首饰，永远是古印度女性最流行的打扮。因为珠宝和首饰既是必不可少的装饰品，也是财富和地位的象征。早在六千多年前的印度河流域，就已经出现石头做的项链。1975 年，考古学家费尔色

威斯在卡拉奇附近的小镇阿拉赫迪纳挖掘出土了大量的珠宝，在一些陶罐里装满了金、银、铜、玛瑙和玉髓等原料制成的珠宝和首饰，甚至有些令全世界为之震惊。这些用各种昂贵材料制成的珠宝首饰，都体现了极其复杂精湛的制作技艺。

做成项链的材料多种多样，如蓝绿釉陶、绿松石、玛瑙、黄金等，应有尽有。除了项链，手镯、发卡、耳环等也都是必要的装饰品。考古学家在摩亨佐·达罗遗址发现的一条距今四千多年的发带，非常美观，两端还有小孔，上面有精致的图案，这种样式至今仍然在印度流传。还有用金属和石头、贝壳做的耳环、胸针、手镯等。

我们通过观察印度河流域出土的哈拉巴文化的各种遗物和遗迹，了解到了古印度人当时的日常生活。当然，这些历史复原也只能说是零星的片断。印度河先民的生活要远比考古发现的复原丰富得多。下棋与赌博是古印度人最常见的娱乐活动。在海港城市罗赛尔曾出土过立方形的骰子，可以说与今天常见的麻将骰子如出一辙。由此可见，当时的印度河城市的赌博游戏，甚至博彩业可能是相当兴盛的。

种种迹象表明，印度古文献记载的城镇集会和游戏活动的雏形是在印度河文明中出现的。在模制书板的图案中，我们可以看到人与兽的生死决斗和人与水牛角力的画面。到了阿育王时代，由于这种人与兽的决斗经常引起流血，被国王颁布诏令禁止了。

古印度人十分喜好歌唱、舞蹈和音乐，但它们更主要的是属于妇女们的活动和消遣。在雅利安人的早期社会中，王宫内廷里设有游戏场，场内栽满鲜花，装有喷泉，供王室嫔妃们娱乐欣赏，但她们更乐意到王宫的跳舞厅释放自己青春的激情。古印度人对歌舞音乐的痴迷，从他们对歌舞音乐的崇拜并加以神圣化可见一斑。

你知道吗

玉　髓

玉髓是一种矿物，又名"石髓"，其实是一种石英，为 SiO_2 的隐晶质体的统称，它是石英（隐晶质）的变种。它以乳房状或钟乳状产出，常呈肾状、钟乳状、葡萄状等，玉髓形成于低温和低压条件下，出现在喷出岩的空洞、热液脉、温泉沉积物、碎屑沉积物及风化壳中。有的玉髓结核内会含有水和气泡，非常有趣。它的物理性质与石英一样。玉髓被人们当作宝石，主要用作工艺美术品的材料。

此外，下棋也是在印度河城市中发源的。海港城市罗赛尔因商业贸易的繁荣而吸引了各方来客云集，商人与市民在闲暇时除了赌博，还下棋娱乐消遣。在罗赛尔曾出土过有图案的棋盘。

在古印度的众多休闲娱乐活动中，也有不少体育健身的内容。古印度人喜欢从事各种体育活动以锻炼身体，他们最喜欢的活动是按摩。对孩子们而言，他们也有自己的嬉戏方式，吹口哨就是他们最喜爱的娱乐活动之一。

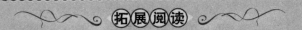

拓展阅读

博彩业

博彩业是投注社会福利彩票、各种体育彩票、地方发展彩票等的经济活动，也被称作专门靠博彩来维持增加收入的个人、机构的一种行业，和我们所说的赌博是一种性质的。博彩业在某些国家的某些城市的经济中扮演着重要的角色，很多游客和本地人经常出入那些赌场。总的来说，博彩业大体包括赌场赌博、赛马、赛狗、彩票等。

古文明浅读 深远影响亚洲的文明——古印度文明

礼貌与风俗

印度教的仪式名目繁多，它在教徒的生活中占有极其重要的地位。印度教徒认为，一个人若不经过些仪式，他们的生活就不完善，灵魂也不纯洁，生活中的痛苦不会得到解脱。因此，一个印度教徒从生到死，一生要参加许多仪式。一般在一个人出世前就已开始。例如，一个妇女怀孕期间就要带未出世的婴儿参加仪式了。印度教流行的宗教仪式主要有以下几种。

生男礼。这是一种祝愿生男孩的仪式，按《法论》规定，在妇女怀孕的第四个月举行。在通常情况下，一个女子若是生第一胎，可在第三个月举行。否则，孕妇从怀胎后的第二个月至第八个月期间随时举行均可。在举行仪式时，孕妇要身穿新装宣誓。夜间，有人在孕妇鼻孔上点涂榕树皮汁液，据说这样做可避免孕妇流产。在举行这种仪式时，丈夫把盛满水的陶罐放在妻子怀里，然后抚摸妻子的腹部，祈祷生个有出息的儿子。

分发礼。这是一种梳发仪式，在孕妇怀孕四个月时举行。这一天，先向女神祈祷，然后丈夫把妻子的头发向上梳起，为她打扮一番，以此祈祷消灾避邪、母子健康。

诞生礼。这种仪式在婴儿降生后断脐之前举行。

命名礼。根据《摩奴法论》的有关规定，当婴儿降生后第10天或第12天时，选个吉祥时辰，举行起名仪式。

出门礼，又叫观日礼，即婴儿出门见太阳的一种仪式。

初吃礼，为婴儿开始吃食物而举行的一种仪式。

剃发礼，是一种剃婴儿胎发的仪式。

穿耳眼礼。当印度教小孩长到三四岁时，为使其长命百岁，要举行穿

古文明浅读

深远影响亚洲的文明——

古印度文明

耳眼仪式。

学知识礼，又叫拜石板仪式，在小孩开始学习知识之前，要举行这种仪式。

再生礼。这种仪式在印度教徒看来非常重要。按照印度教的习俗，婆罗门、刹帝利和吠舍要佩戴圣线。他们认为，一个人有两次生命，第一次生命由父母所生，第二次生命是通过佩戴圣线由迦耶德里女神和老师所给。在举行这种仪式之前，不管是谁，不管他属于哪个姓或家族，一律都是首陀罗，只有通过了这种仪式才可以提高地位，从而获得第二次生命。按照《摩奴法论》规定，举行这种仪式，婆罗门种姓的小孩在 8 岁时，刹帝利种姓的人在 11 岁，吠舍种姓的人在 12 岁。但是，婆罗门必须举行这个仪式，而刹帝利、吠舍就不一定。首陀罗无资格举行这个仪式。此外，在举行仪式期间，老师对小孩象征性地"怀胎"三天，然后孩子算是获得了第二次生命，在孩子的脖子上戴根圣线。此后，小孩开始遵循各种习俗规定。

日常生活中，古印度人非常讲究礼仪，但由于地域辽阔，各民族、种姓、宗教流派之间的礼仪形式不尽相同，最具代表性的是占人口绝大多数的印度教教徒和穆斯林的礼仪。

印度教要求信徒待人接物和善有礼，因此从吠陀时代的婆罗门教开始，教徒们之间就有一套非常讲究的礼节，

有些礼节非常烦琐，但人们对此毫无怨言，越是繁杂，越觉得待客有方。这些传统也被其他宗教接纳。于是，在后期，即使不同教派之间的人，见面后的礼节也大同小异，一些小礼仪已经超越了宗教的范畴，成了一种世俗的传统。

↑合十礼

古印度生活中最常见的是合十礼。行合十礼同时，还要说"纳莫斯迦尔"或"纳莫斯戴"，即祝贺、致敬之意。这个问候语不分时间，不论男女，见面或分手时皆可使用，还礼者也说此话，但要重复两次，以表客气。当然由于种族、地区的不同，具体语言会不一样，比如，西北边疆的人会说："哈拉达！"实际上这和"纳莫斯迦尔"是一个意思。合十礼虽然简单，但也有许多讲究。一般来说，分三种情况：一是普通人之间打招呼，遇见长辈是双手合于鼻梁之上，平辈则合

于胸口和下巴之间，对晚辈只举到胸口就可以了。二是拜见神灵时行的合十礼，要求人右腿跪地，双手合掌于两眉中间，头部微俯，以示恭敬虔诚。起源于印度的佛教也把合十礼列为常用礼仪，合十礼即从座起，整衣服，偏袒右肩，右膝着地，一心合掌，曲躬恭敬，瞻仰尊颜。这种合十礼也被称为"跪合十"，也常常在古代臣民拜见君主时使用，但后来被穆斯林统治者废除。三是在重大节日、特定的纪念日，对父母、师长行合十礼。在行礼时，晚辈必须深蹲下，并将合十的掌尖举至两眉间，并保持一定的时间，以表示尊敬。

↑ 摸足礼

在民间和宫廷里，摸足礼也是很常见的。一般行摸足礼时，行礼者屈身下蹲，用右手摸受礼者的脚尖，然后再摸下自己的额头，表示自己的头同对方的脚相接触。对方用手摸一下行礼者的头顶，以示还礼。受礼者一般都是地位非常尊贵的人，比如奴隶对主人，新媳妇见婆婆。有时候，这种礼仪还象征对对方彻底的臣服，阿克巴皇帝在接见拉其普特众王公时，王公们便以此礼表示对皇帝和莫卧儿王朝的忠心。另一些人在行此礼时，俯身伏地，以头顶碰触对方的脚尖，这种情形可谓是对对方最高规格的崇敬了。一般只用于信徒对宗教中的圣人，或犯了大罪的犯人对法官求饶。

当亲人要远行或战友即将上战场时，古印度人常用拥抱表达自己的感情。届时，父老兄弟会在门前排成一排，依次与远行者拥抱。拥抱时，彼此将双手搭在肩上，先是把头偏向左边，胸膛紧贴一下，然后把头偏向右边，再把胸紧贴一下，有时彼此还用手抚背并紧抱，表示心中的不舍。这种礼仪一般不用于男女分别之时，即使是夫妻，在人前拥抱也是有伤风化的，但母亲与女儿、姐姐和妹妹是可以行拥抱礼的，特别是在出嫁的婚礼上。拥抱礼还是古印度军队的常用礼节。孔雀王朝时期，国王和将军常常热情地拥抱行将出征的士兵，以提高部队的士气。按规矩，士兵在接受拥抱时可以站立不动，但必须挺直腰板，并将佩剑高举过头。

另外，在欢迎仪式上，花环礼也是最常见的礼仪。凡贵客临门时，主人都会走出家门去迎接，行合十礼后，主人家最德高望重的男人便会将一个用玫瑰、茉莉、百合等鲜花编成的花环套在客人的脖子上，花环越粗、鲜花种类越多，表明客人的地位越高。在宗教节日里，人们所尊崇的神像也会被套上许多大花环。

此外，由于各种教派的神庙遍地

都是，旅行者在路过这些神庙时，千万不可以视而不见，而是应该停下脚步，敲响小庙屋檐下的小铜钟，然后跪地合十，闭目祈祷，求神保佑一路平安。最后还要在神像前留下一些钱币，这样才能重新上路。在遇见下一个神庙时，又必须停下来，重复之前的动作。有时候，这些神庙也就相隔几步远。俗话说："丢一家等于丢一庄。"出远门的人为图个平安，自然哪路神仙都不能得罪，个个都要拜到。

伊斯兰教是一个非常重视礼仪的宗教。早先进入古印度的穆斯林来自

↓穆斯林麦加朝圣盛况

古文明浅读 深远影响亚洲的文明——古印度文明

↑穆斯林的祈祷

不同的地区，进入印度的时间也不统一。比如，阿拉伯人7世纪便进入了信德地区，而阿富汗人、突厥人则要晚好几百年，更别说后来的蒙古人了。但伊斯兰教教义是统一的，因此古印度穆斯林之间的礼仪大体上还是一致的，只是在一些小的方面稍有差异。当然，受印度传统礼仪的影响，与世界其他地方的穆斯林相比，古印度穆斯林的日常礼仪中，还混杂着鲜明的"印度风格"。

同印度教的合十礼一样，古印度的穆斯林在见面时也要互相行礼。古印度穆斯林的见面礼一般是先将右手置于胸前，然后鞠躬行礼，根据对象的不同，鞠躬的幅度也不一样。比如，普通朋友，微微弯腰就可以了；如果

对方是长辈、上级，则要深鞠一躬，表示敬意，同时嘴里还要说："求真主赐你平安。"而受礼者则回答："求真主也赐你平安。"这个问候语来源于圣徒易卜拉欣的故事，据说他晚年曾遇见了天使，天使正是这样招呼他的，结果回家后，妻子就为他生了个儿子。从此，人们便这样和对方打招呼，祝福对方也能像易卜拉欣老年得子一样，得到神的眷顾，诸事顺利。

德里苏丹王朝时期，人们在行礼时还要平扬自己的双手。可能在当时，穆斯林征服之初，社会动荡，平扬双

你知道吗

《法华经》

《妙法莲华经》，简称《法华经》，有三种汉文译本，通行后秦鸠摩罗什译本，七卷二十八品，六万九千余字，收录于《大正藏》第九册，经号262。以莲花（莲华）为喻，比喻佛法之洁白、清净、完美。《法华经》是佛陀释迦牟尼晚年所说教法，属于开权显实的圆融教法，大小无异，显密圆融，显示人人皆可成佛。在五时教判中，属于法华、涅槃之最后一时。因经中宣讲内容至高无上，明示不分贫富贵贱，人人皆可成佛，所以《法华经》也誉为"经中之王"。

← 做礼拜的穆斯林

古文明浅读 深远影响亚洲的文明——古印度文明

手的意思是让对方看清自己没有携带武器，以此表示真心的友好。到莫卧儿王朝时期，穆斯林的统治已经很稳固，行见面礼时，人们伸出右手相握，同时将自己的左手托扶对方的右臂，以表示穆斯林关系和谐、亲如一家。

在日常生活中，穆斯林打招呼的先后顺序是有讲究的。一般来说，晚辈要先向长辈行礼、教民先向阿訇行礼、客人先向主人行礼等。这些顺序是不能错乱的。在遇见其他民族的人时，穆斯林只行鞠躬礼，不说祝福语。因此，如果一个外地人向本地穆斯林人行礼，并说祝福语，那么证明外地人也是穆斯林。根据伊斯兰教教义，天下穆斯林都是一家人，在行礼后，本地人就有义务帮助外地人解决难题。

和全世界的穆斯林一样，古印度的穆斯林每天也要做礼拜，礼拜的规矩很严格，一般来说要符合以下条件：衣服干净、身体洁净、礼拜场所整洁、礼拜者心态平和，并在礼拜时立下心愿——即所谓"举意"、礼拜时间准点、方向正确——古印度正确的礼拜方向是面向麦加所在的方位。在具体礼拜时，还要遵守抬手、端正、诵经、鞠躬、叩头、跪坐这"六仪"的规定，才能算是合格的、有效果的礼拜。当然，具体的细节，南北印度并不统一，比如，西印沙漠地区，由于水源缺乏，在洁净要求上就没有其他地区严格。有时候，人们抓把黄沙擦手擦身，也算洁净过了。

受印度教影响，古印度穆斯林在亲人远游或故交重逢时，也用拥抱礼表达心中的感情，所不同的是在西印度的拉合儿、白沙瓦等地区，人们在拥抱后，还会亲吻对方的额头和面颊，以表示最真挚的感情。当然拥抱和亲吻只能适用于同性之间。同样受印度教影响的还有欢迎仪式上的花环，穆斯林客人在被戴上花环后，立即就要取下来，这是表示自己的谦虚与对主人的尊重。

穆斯林

　　穆斯林是真主意志的顺从者，信奉伊斯兰教的人称为穆斯林。伊斯兰教是与佛教、基督教并列的世界三大宗教之一，7世纪初产生于阿拉伯半岛，创教者为穆罕默德。穆罕默德去世后不久，他在全部传教过程中作为安拉的"启示"被圣门弟子收集、汇编成《古兰经》。这部伊斯兰教的根本经典，被视为真主的言语。经文强调的主旨是真主独一，他超绝万物，至尊全能，为该教立论，立法的首要依据。

第三章 多彩的社会生活

　　古印度的文明从里到外都受宗教的激发和贯穿，宗教影响的悠久和持久可谓绝无仅有。古印度人重视人类精神的价值取向，崇尚简朴的生活方式以及对大自然的亲近和热爱，这构成了印度人所理解的今生与来世的独特的世界观。

　　神话意识在印度社会中尤为突出，古印度的神话故事与印度的几大宗教信仰有着密切的关系，神话故事中的许多天神直到今天仍然是人们崇拜的偶像。

第四章

宗教与神

婆罗门教

古文明浅读

深远影响亚洲的文明——古印度文明

自然宗教是印度最早的宗教，也就是把自然界的各种现象当作有灵性的神来崇拜。雅利安人信奉雷雨之神因陀罗、太阳神罗里耶、火神阿耆尼、天神和水神婆楼那、风神瓦尤以及黎明之神乌莎等。

雅利安人在印度河流域的定居以及后来他们扩展到恒河流域，他们对当地人的压迫和剥削日益加剧，种姓制度也随之变得越来越森严。

先是吠陀文献的出现，后是种姓制度的逐步成形，为婆罗门奠定了统治地位的基础，同时这也是婆罗门的根基所在。婆罗门不但把原始宗教里的神载入吠陀经，还在经书中加入了世俗中不平等的内容，使之披上合理的外衣，借以巩固婆罗门不可撼动的地位。婆罗门借用神的威力来巩固自己的统治，并逐渐形成了婆罗门教。

婆罗门教的演变和发展始终伴随

↑雷雨之神因陀罗

着种姓制度的演变和发展，婆罗门教主要反映婆罗门这个阶级的利益和意识形态。在婆罗门教成形的吠陀末期，婆罗门无论是祭祀、崇拜还是教义都已系统化，构成了印度传统文化的重心，对后来的宗教，如耆那教、印度教、佛教具有很大的影响。

婆罗门教相信祭祀万能，所以极重视祭祀，其主要的祭祀有两类：一类是家庭祭；另一类是天启祭。家庭祭一般限于家庭事务的祭祀，人生的各个阶段，如受胎、出生、命名、哺养、童年、成年、从师学习、学成归家、结婚等，以及祖先祭和人死时的祭礼也属于家庭祭的范畴。天启祭主要包括供养祭和苏摩祭两大类，两大类之下又有许多小类，包括范围极广，如火祭是祈求牲畜顺利繁殖；初穗祭是祈求丰年。婆罗门教中规模最大的天启祭是马祭，它也是所有祭典中最隆重的。马祭是印度君王所做的祭祀，婆罗门认为可因此而使国王成为王中之王，做100次马祭的君主可成为世界和众神的主宰。

婆罗门教有三大纲领：吠陀天启、祭祀万能和婆罗门至卜。它宣扬婆罗门是"人间的神"，他们控制的吠陀经是天神授予的。人间凡人都在轮回之中，凡人的言行造成"业"，人死后，按照"业"的标准，再转世投胎到或高或低的种姓家庭里去。处于底层种姓的劳动大众在这种精神枷锁的压迫和鼓舞下，只能一辈子忍辱负重，用对神的敬畏和对来世的向往来淡化现实的痛苦，默默地为他们心目中的"神"贡献出自己的最后一滴汗和血。

婆罗门教认为宇宙的本体是"梵"，人的诸器官如眼、耳、鼻、舌、皮肤的主宰体，生命活动的中心是"我"，但"梵"和"我"两者间在本质上是一体的。人如果不认识"梵"，不信奉婆罗门教，不履行种姓义务，就

拓展阅读

马 祭

马祭是古印度最高的祭祀，通常由国王亲自主持，仪式长达数月之久。仪式开始由婆罗门导师进行选马的仪式，挑选最优秀的马匹，让马进行斋戒、沐浴并点燃祭火；同时国王带领全国的精锐武士整装待发。在一个黎明由婆罗门导师解开马的缰绳，让"圣马"在大地上驰骋，而国王的武士则紧跟其后。马所经过的地方如若是本国领土，则要求当地百姓进行祭祀；如若是敌国的领土，国王将指挥武士们奋勇杀敌，直到敌人臣服，或是国王战败。直到有一天婆罗门说："止！"国王才带领部下班师回朝，然后杀此马祭神，大宴天下。

会陷入痛苦的生死轮回。轮回状态根据人在生前的行为好坏而有优劣之分，因果循环，行善成善，行恶成恶。要逃脱轮回，达到解脱，只有信奉婆罗门教，遵守婆罗门教的各种教规，掌握梵的知识，才能达到梵我同一的最高境界。

婆罗门教除了主张严格的种姓制外，还认为除首陀罗之外的人的理想生活应分为四个时期。

净行期（梵行期）：幼时从师学习吠陀文献，实践宗教仪规，履行宗教义务，这个时期的生活目的就是求法。

家居期（家住期）：学成归家，娶妻生子，积攒财富，履行成家立业的世俗义务，这个时期的生活目的就是结婚和求财。

林居期（林栖期）：离家入山，匿迹林泉，打坐参禅，侍梵祭天，过简朴的出家生活，为最后的解脱作准备。

↑婆罗门教画像

此时可携妻修行。

遁世期（出世期）：单独实践苦行，弃家云游乞讨，以苦为乐，磨炼意志，以求最后终极的解脱。

拓展阅读

轮回

轮回是"流转"之意，亦称"六首轮回"，在印度是由奥义书时代（公元前700年至前500年）以来各派宗教的共通思想，其起于梵书时代（公元前1000年至前500年），成熟于奥义书时代。它是婆罗门教主要教之一，佛教沿用并发展。它是依据业说而以有情众生之我是常在的，此我在生死流内，由其所作的业力而连贯过去和未来，此即完成了三世因果之关系，同时也完成了轮回生死之观念。初期的轮回思想颇为朴素，以为轮回转生的范围不限于有情的天、人、鬼神及一般动物，也可能遍及植物。

古文明浅读

深远影响亚洲的文明——古印度文明

耆那教

公元前 7 世纪的时候，印度社会动荡不安，极不稳定。其主要原因是种姓制度内部存在的尖锐矛盾，其中掌握兵权、立国称王的刹帝利同以天下第一自居的婆罗门发生了矛盾，具有强大实力和实权的刹帝利并不甘心居于婆罗门之下。特别是那些原来是土著人首领、后来屈从雅利安人而被授予刹帝利称号的武士，对高高在上的婆罗门越来越心怀不满。吠舍种姓中经商、放高利贷和成为地主的富人，家财万贯，对于居于老三的现实也并不满意，有经济实力的他们迫切要求得到地位上的提升。有了共同目标的他们同刹帝利联合起来同婆罗门作对。被压在最底层的首陀罗则忍无可忍，或破坏，或谋杀，或逃亡，用实际行动挣脱婆罗门教的精神桎梏，反对婆罗门教的压迫和剥削。

社会中潜藏着的变动，造成了思想界的百家争鸣局面，于是开展了一场轰轰烈烈的宗教改革运动。据说当时出现的各种新的思想流派达 363 种，其中影响最大的是耆那教和佛教。

耆那教是印度的一个重要宗教派别。在阿育王兴佛教之时，耆那教是沙门思潮中最大的宗教派别，它在印度的原教和哲学思想史上都占有重要的地位。

耆那教的创建者是筏驮摩那，他的弟子们尊称他为摩诃毗罗，意即"伟大的英雄"，简称"大雄"。大雄与释迦牟尼是同时代人，约公元前 599 年生于古印度距吠舍离 45 千米的吉特利克村（在今印度比哈尔邦），属于刹帝利种姓。他的父亲是贝拿勒斯一个小王国的君主。虽然生活在一个富裕、奢华的家庭，但大雄并不感到幸福。他 28 岁时离家修行，走进森林，过着艰苦的生活，寻找解脱不幸的途径。

↑ 筏驮摩那塑像

历经艰难险阻后，42 岁时，他终于在吠耶婆达东北建皮耶村的一棵沙果树下觉悟成道，成为"耆那"（意为"战胜情欲者"）、"尼乾子"（意为"解脱束缚者"）。此后，大雄便在恒河中下游地区孜孜不倦地组织教团、宣讲教义长达 30 年，直至离世。据说那时他的教徒已达到 1.4 万人的规模。

耆那教教义中最重要的内容是"七谛"说。"七谛"说主要是关于命我、非命我、漏、缚、制御、寂静、解脱的理论。

耆那教没有摆脱婆罗门教的影响，而是有了相应的继承，比如，耆那教没有否定婆罗门教的轮回解脱说，只是作了改造，形成了自己的学说。它认为：灵魂（命我）原来是完美无缺的，但与极微等东西结合形成万物投生世间后，受到身、语、意识所产生的行为即"业"的污染。被污染的灵魂将处于轮回转生的状态。它投入何种躯体，则取决于其被污染的程度。多行善事、多积善业者，死后可转生为天神；多行恶业者将转为低等动物。耆那教认为，即使转为天神也并不幸福，因为处于轮回的灵魂在本质上都是痛苦的。只有彻底消除业对灵魂的污染，使灵魂摆脱轮回状态而得到解脱，才是至高境界。

耆那教指出，要消除"业"的污染，就必须奉持正信、正智、正行，被

你知道吗

耆那教的素食文化

耆那教是印度的一个小宗教团体，约有 0.4% 的印度人是耆那教徒。该教所有的教徒都是素食者。耆那教建立了最全面的素食规范，而且素食传统沿袭了八千年之久。耆那教将植物视为一种生命形式，他们认为即使植物也有生命，所以给素食主义作了严格的定义，在生活的各个方面实现非暴力的素食主义。耆那教严格地规范植物性饮食的范围，包括禁止食用某些蔬菜和水果，限制购买某些产物，对饮食时间和时机进行限定、禁食等。

古文明浅读　深远影响亚洲的文明——古印度文明

称为"三宝"。正信，指虔诚地信仰耆那教的教义。正智，指正确地理解耆那教的教义，从事物的生灭变化中认识灵魂的永恒性。正行，要求未出家的信徒实行五戒：不杀生、不欺诳、不偷盗、不奸淫、不追求私财。耆那教的信徒践行"三宝"到了几近苛刻的地步。比如，他们恐怕伤害生物，不饮未过滤的水，因为未过滤的水中含有生物；他们外出时口戴薄纱，手执扫帚或树枝边扫边行，口唱"去去"，以防虫子飞进口中或被踩死。耆那教徒务农者很少，多经营商业，就是怕伤害田地里的生物。对出家的信徒，耆那教的戒律更为严格，要求苦行。它指出苦行是消除业的系缚、获得解脱的最佳途径。耆那教的苦行在食、宿、衣、行等方面都有严格的规定，采用的是折磨自身肉体的方式。耆那教认为，这样苦行 12 年后再绝食而死，就能彻底消除系缚灵魂的业，使灵魂获得永久的解脱。

耆那教对婆罗门教进行了批判，耆那教否认吠陀经典，不相信神造万物，认为婆罗门至上是人为的、骗人的，祭祀、祈祷是白费精力和时间，

↓耆那教建筑

第四章　宗教与神

古文明浅读

深远影响亚洲的文明——古印度文明

徒然杀害生灵，增加罪恶。

耆那教在承认种姓制度的同时，对婆罗门的特权地位也进行谴责，主张种姓平等，对低级种姓采取比较宽容的态度。从社会意义上来说，耆那教的出现与佛教有较多的相似之处。它代表了商人和刹帝利的利益，反映了他们的要求；反对杀牲祭祀，支持商业，支持加强王权，这些都对社会经济的发展有利。和佛教不同的是，它过分强调不杀生和苦行主义，注定它在农民和许多手工业者中得不到拥护和支持。农民耕地、手工业者做工是不可能像它要求的那样不杀生的。

因此，耆那教就不能拥有广泛的信仰者，而仅仅成了商人、少数手工业者和城市居民的宗教。耆那教作为一种宗教，也避免不了具有为统治阶级服务的功能，它同样对下层群众发挥着精神麻醉的作用。

耆那教的经典是《十二支》，是大雄去世二百余年后他的弟子结集汇编的。大雄自己否定崇拜神，他在去世后却被神化，这是必然的。因为任何宗教思想体系都要把人引向彼岸世界，如果不造出个神来，彼岸的世界就不会有谁来主宰乾坤了。

拓展阅读

苦 行

苦行是指宗教徒为了实现精神理想或目标而克制肉体或心理欲望吃苦修行的修炼行为，还有些苦行是为了获取法力或赎罪。苦行包括禁食、保持困难的姿势以自苦，在烈火前或严寒中长久不眠以及屏息等。苦行者心中的圣地是神圣高尚的神界。

佛教

恩格斯说："历史上的伟大转折点有宗教变迁相伴随，只是就迄今存在的三种世界宗教——佛教、基督教和伊斯兰教而言。"佛教的产生正是和列国时代的政治、经济变革相伴随的。佛教是适应时代需要而创立的，是时代的产物。列国时代是奴隶制迅速发展，社会政治、经济发生重大变革的时代。

在这个时代，人们的思想空前活跃，代表不同阶级、阶层和集团利益的学派和教派纷纷出现，共同反对独揽神权、高高在上的婆罗门教。在这种形势下，释迦牟尼是作为刹帝利和吠舍中的大商人奴隶主阶级的代表而出现的，是代表这个阶级的利益进行宗教改革的。

佛教的创始人为乔达摩·悉达多（约公元前565年—前486年），佛教徒尊称他为"释迦牟尼"，意思是"释迦族的圣人"，又称他为"佛陀"，即"觉悟了的人"。释迦是族名，牟尼是隐居林间的圣人，意思是释迦族的圣人。佛陀意为觉悟者。此外，他还有如来、世尊、佛、佛祖等十余种称号。

↓释迦牟尼佛

悉达多是迦毗罗卫国人，悉达多属刹帝利种姓，他的父亲为迦毗罗卫国净饭王，母亲名叫摩诃摩耶，是一位公主。据说摩诃摩耶一天夜里梦见一头白象从她的右助进入她的身体，并由此怀孕。这孩子被命名为悉达多。他的母亲在生他之后的第7天就死了，所以他是由姨母抚养大的。

净饭王非常喜欢小王子，希望他能继承自己的王位。可是这位王子显然志不在此，他富有同情心，喜欢幻想，经常问一些奇怪的问题。比如，同样是人，为什么有的人是婆罗门，有的人却是首陀罗呢？为什么婆罗门的子子孙孙都是婆罗门，首陀罗的子子孙孙永远是首陀罗呢？净饭王回答不出来，只好说这是上天安排的。但悉达多不相信，他说要找到一个让人人平等的办法。

悉达多在16岁的时候同一个表妹结了婚，家庭生活十分美满。有一天，悉达多出城游玩，看见一位老人挂着木棍，艰难地挪动着脚步；走出不远又看见一个病人倒卧在污泥中；他还遇见一群鸟正在啄食一具尸体。回宫后，他一直在思考这个问题：难道人的一生就不能免除生老病死的痛苦吗？

有一天，悉达多看见一个修道者。修道者对他说："世事无常，只有出家人可以得到解脱。"回宫后，悉达多又想起那个修道者的话，于是产生了出家的念头。

29岁时，悉达多走出了国境，做了一个修道者。净饭王见不到自己的儿子，急忙派人寻找，终于在森林里找到了悉达多，但他坚决不肯回家。

↑苦行林洞窟里供奉的悉达多

为了达到解脱人生之苦的目的，悉达多离家之后，先到王舍城郊外漫游，跟随数论派先驱阿罗逻·迦罗摩和优陀迦·罗摩子学习禅定。接着，他尝试通过严格的苦行发现真理，寻求解脱。据说，他认为摩擦湿木不能生火，摩擦干木才能取火；人身亦需经过苦行，清除体液，才能悟出真理。于是，他逐渐减少饮食。六年后，悉达多身体消瘦，形同枯木，却依然没有发现什么真理。后来，悉达多意识到，只有身体强壮，才能找到真理。

于是，他开始注意锻炼身体和意志。

一天，悉达多走到一棵菩提树下，盘膝而坐，在那里闭目沉思。经过七七四十九天苦苦思索，他终于"大彻大悟"，悟出了生死的真理——"解脱"，得道而成佛。成佛后，他后被称为"释迦牟尼"，尊称为"佛陀"。

释迦牟尼得道后，便开始弘化活动。最值得一提的便是"鹿野苑初转法轮"一事。据说释迦牟尼悟道后，前往波罗奈城的鹿野苑，找到以前曾做过他侍从的五人，向他们传授自己思悟出来的教理。在讲解四谛说之前，释迦牟尼谈了修行中的中道。他说："你应当知道，形体处于苦中之时，精神就会烦乱不堪；形体处于乐中之时，感情就会沉溺其中。所以苦修也好、享乐也好，都不会成为得道之因。如果舍弃苦乐，依中道而行，精神才能寂静空明，修行正道，超越于生老病死诸苦之外，我遂顺中道修行，所以已经得到'正觉'。"这里的"中道"，实为八正道之简说。那五位侍从听后，立即觉悟，拜倒在佛陀面前，求为弟子，此五人成为最早的比丘（俗称和尚）。

所说"初转法轮"的"转"意为"说"，"法"意为佛法，"轮"原为古印度战争时使用的形似轮子的一种武器，可回转，摧毁一切。佛教用此比喻佛陀说法能破除一切不正确的见解。"鹿野苑初转法轮"被看作是佛教形成

↑释迦牟尼初转法轮

的标志。因为从此以后，佛教成立了僧团，建立了佛教组织，具备了佛（释迦牟尼佛）、法（四圣谛等法）、僧（最初被度的五比丘）三宝。鹿野苑亦成为佛教四大圣地之一，其余三处分别是佛诞生地蓝毗尼园、佛成道地菩提伽耶、佛涅槃地拘尸那迦城。

鹿野苑初转法轮之后，释迦牟尼为了让更多的人理解和接受他的佛教学说，开始了长达45年的说法济生工作。在传教过程中，又有很多人皈依，受度为僧，佛教僧团规模日益扩大。相传佛陀有弟子500人，其中著名的有十大弟子，他们是：舍利弗（智慧第一）、目犍连（神通第一）、摩诃迦叶（头陀行第一）、阿尼律陀（天眼第一）、须菩提（解空第一）、富楼那（说法第一）、迦旃延（论议第一）、优婆离（持戒第一）、罗怙罗（密行第一）、阿难陀（多闻第一）。这十大弟

古文明浅读

深远影响亚洲的文明——古印度文明

↑ 鹿野苑

子不仅各有所长，而且还能帮助佛陀进行弘化。

在释迦牟尼的积极宣传和组织下，佛教能够迅速发展起来的原因有如下几点。

其一，得到王家贵族和城市富商在政治上和经济上的积极支持。例如，摩揭陀国王频毗沙罗和阿阇世在首都王舍城为佛院及其门徒建立了竹林精舍，供其居住，并给他们提供生活上的一切必需品。舍卫城巨商须达多以布金满园之资，从波斯匿王子那里购得祇园，并在此给释迦牟尼建筑了优美的祇园精舍。

其二，受到各阶层

人士的普遍欢迎。佛教提出"众生平等"的口号，不分种姓吸收一切自由人入教，同时反对奢侈的祭祀仪式，用方言俗语传教，因此颇受下层群众欢迎。另外，它反对极端的苦行主义，只要求信徒过不苦不乐的"中道"生活，不必改变原来的生活方式，因此也为王家贵族和富商所接受。这样，佛教很快就发展成为拥有广大信徒和社会影响的新兴宗教势力。

释迦牟尼认为，种姓之间没有贵贱之分，看人不应分种姓出身，应当看其行为和才能，出身卑贱的人也可以成为贤达。在《别译杂阿含经》卷

↓ 祇园精舍遗址

五中有这样的记载：当佛陀来到居萨罗国的孙陀利河岸时，有一个婆罗门问他："你生在何处？为何种姓？"佛陀答道："不应问生处，宜问其所行，微木能生火，卑贱生贤达。"

传说公元前 484 年 2 月 15 日，释迦牟尼给几个弟子讲道，他来到一条河边，然后就到河里洗了个澡。洗完澡后，弟子们在几棵娑罗树之间架起了一张绳床，释迦牟尼侧身而卧，枕着右手，对弟子们说："我老了，马上就要死了。我死之后，你们不要因为失去导师而自暴自弃，而要大力弘扬佛法，拯救世人。"说完，他就逝世了。后来，人们为了怀念他对弟子的苦心教导，就在寺庙里塑造了释迦牟尼的卧像，并把释迦牟尼诞生的那天（中国农历四月八日）称作"浴佛节"，把他修道的那天（中国农历十二月八日）称为"腊八节"。

释迦牟尼的遗体火被化以后，骨灰结成了许多五光十色的颗粒，佛教把这种颗粒叫作"舍利"。后来，有八个国王分取舍利，把它们珍藏在特地建造起来的高塔中供奉，以表示对释迦牟尼的景仰。这种塔用金、银、玛瑙、珍珠等七种宝物装饰，人称"宝塔"。

相传在释迦牟尼涅槃后的第四个月，佛教僧团在阿阇世的赞助下，在王舍城毗婆山的七叶岩举行了佛教第一次大结集。参加这次大结集的有 500

名和尚，故在印度佛教史上称为"五百罗汉大结集"。大结集由释迦牟尼的著名弟子摩诃迦叶和阿难陀主持，用集体会诵佛陀生前谈法言论的方式，审订和编纂了佛教经典"律藏"和"经藏"，加上后来编纂的"论藏"，合称"三藏"。

佛教从公元前 6 世纪创立到公元前 273 年阿育王继承王位定为国教止，为早期佛教，或称为原始佛教。早期佛教的基本教义是"四谛"，即深悟无常之苦，以求解脱之道的四个真理。四谛即苦谛、集谛、灭谛、道谛，其中苦谛是中心，是释迦牟尼说教的出发点。苦谛说明人生有八苦：生、老、病、死、爱离别、怨憎会、求不得、五取蕴（五受阴）。所谓生、老、病、死之苦，即人生必须经过的出生、衰老、疾病和死亡四种痛苦。所谓爱离别苦，即与所爱的人生离死别之苦。怨憎会苦，即与所憎恨的人相遇时产生的痛苦。求不得苦，是欲得而得不到所产生的痛苦。五取蕴苦，即身心的总苦。

集谛是说明人生多苦的原因。佛教认为产生以上八苦的原因在于"欲爱"，人有欲爱，必然要在身（行动）、口（言论）、意（思想）三方面有所表现。这些表现在佛教中也称之谓"造业"。佛教认为，欲爱、造业、果报、轮回、重新受苦，是一种必然的因果关系，认为"欲为大患"，不解除此欲，人们始终要在变化无常的人世中经受痛苦。在阶级社会里，广大劳动人民之所以受苦，是由于统治阶级压迫和剥削的结果。可是佛教却掩盖了这一实质问题，把真正的苦因歪曲为欲爱，让人们去同自己的欲爱作斗争，而不是去同统治阶级的压迫和剥削作斗争，这实质上是要劳动人民安分守己，服服帖帖地当牛作马。

灭谛是讲灭苦因。既然苦因根源于欲爱，因此灭苦因必须灭欲爱。佛教认为，欲爱灭则不造业，不造业则无果报，果报灭则轮回亦灭，轮回灭就得到解脱，进入最高界涅槃。涅槃是佛教幻想出来的不生不灭，永远超脱轮回，克服了一切痛苦的寂静境界。这种境界实际上是不存在的，它只不过是死的代名词而已。那么，欲爱能否灭，涅槃能否达到？佛教主张"自业自得"，即认为每一个人都能够自己克服一切杂念，能够依靠自己得到解脱，而不需靠僧侣向神祈祷。大批佛教徒克己守法、孜孜以求，就是为了达到这种"不生则不死，此灭为最乐"的境界。

道谛是讲修道的途径和方法。按佛教的说法，要想达到涅槃境地，必须修八正道。八正道是："正见"（信仰正）、"正思维"（决心正）、"正语"（言论正）、"正业"（行为正）、"正命"（生活正）、"正精进"（努力正）、"正念"（思念正）、"正定"（精神集中，禅定正）。这八条正道就是要人们脱离现实斗争，不要犯上作乱，循规蹈矩地生活，专心致志地修行，最后得到幻想的幸福。这是束缚人民大众的八个精神枷锁，是麻痹人民的鸦片。不过，早期佛教还是具有一定的进步意义的。

早期佛教的阶级基础是刹帝利官职贵族和吠舍中的大商人两个新兴的奴隶主阶层。佛教代表他们的利益，为他们呐喊，因此得到他们的积极支持，发展很快。虽然在轮回转世说上佛教与婆罗门教相似，但总的说来它是反婆罗门教的，是有进步意义的。早期佛教的进步倾向主要表现在以下几个方面。

第一，主张以阶级划分代替种姓划分。在早期佛教经典中，经常提到奴隶主与奴隶，称二者为"大家与奴婢"、"良人与奴婢"、"人与奴"、"王与僮"等。例如，《中阿含经》中说："余尼及剑浮国（犍陀罗和剑浮沙）有二种姓，大家及奴。"《增一阿含经》在谈到犍陀罗和剑浮沙的情况时说："彼土人民有二种之姓，云何为二？一者人，二者奴。此二姓亦复不定……或先做人、后做奴，或先做奴、后做人。"佛教如此把作为奴隶主的"大家"、"良人"、"人"、"王"与作为奴隶的

"奴"、"奴婢"、"僮"直接对立，用奴隶制阶级划分代替种姓划分，从而消除了种姓制结构中旧的排列次序。这是符合要求改变现实地位的新兴奴隶主阶级利益的，是符合社会发展的要求的。

第二，反对婆罗门教固定不变的种姓论。列国时代，随着争霸战争的进行，社会政治和经济的发展，王权得到了加强和提高。然而由于受所谓神创四个瓦尔那谬论的束缚，王家贵族仍处于婆罗门之下，受到压制。另外，以刹帝利官职贵族和吠舍中的大商人为代表的新兴奴隶主阶级要求提高自己的政治地位，也受到婆罗门教固定不变的种姓论的限制。

早期佛教从王家贵族和新兴奴隶主阶级的利益和要求出发，对婆罗门教进行了猛烈抨击。据佛教文献记载，佛陀曾告诉婆悉吒说："你看那些婆罗门，愚冥无识，犹如禽兽。虚假自称，婆罗门种，最为第一，余者卑劣；我种清白，余者黑冥；我婆罗门种，出自梵天，从梵口生。"接着又告诉他说："所谓梵种乃是欺诈，他们也是婚娶产生，与世无异。"这样就否定了种姓神创、固定不变和婆罗门第一的说法。

佛教在反对婆罗门教神创四个瓦尔那学说的同时，提出了自己的创世说。佛教认为，世间最初本无种姓差别，后来由于为财产发生争讼，人们便"宁可立一人为主，以治理之"，于是世间便有王名，以正法治民，故名刹利（即刹帝利）。按照佛教这种说法，最早产生的是刹帝利种姓，它当之无愧，应列第一。《长阿含经》中说："刹利生为最，能集诸种姓……天人中为最。""世间为第一。"佛教在肯定刹帝利的最高地位的前提下，按人类形成之初的职业分工，确立了其他三种姓的地位，即婆罗门居第二位，吠舍和首陀罗仍居第三和第四位。

佛教对婆罗门和刹帝利的地位的颠倒，其目的在于排除婆罗门对刹帝利的压制，以使他们能够扩张其社会的和政治经济的势力，这对奴隶制社会的发展是有利的。另外，佛教把种姓制的产生看作是历史现象，是社会分工的结果，因而不再是人力不能改变的，从而也否定了种姓固定不变论。

第三，提出了"众生平等"口号。《长阿含经》中说："四种姓者，皆悉平等，无有姓如差别之异。"又说："今我弟子，种姓不同，所出各异，于我法中，出家修道，若有人问，汝谁种姓，当答彼言，我是沙门释种子也。"早期佛教提出这一口号，在一定程度上反映了被压迫的低级种姓要求平等的愿望，在宗教生活上为他们打开了方便之门，比之婆罗门教严禁首陀罗参加宗教生活是一种进步，对婆罗门教极力维护的种姓血统论是一个打击，因此是有进步意义的。但是需要指出，早期佛教所讲的"众生平等"绝非指在世俗生活上平等，它所指的是在宗教领域内的平等，即任何人都可以通过修道得到虚幻的解脱。因此，早期佛教尽管在与婆罗门教的斗争中表现出一些顺应奴隶制发展的因素，但本质上它是代表统治阶级利益的，而绝非人民大众的宗教。

孔雀王朝时期，佛教得到了阿育王的大力支持，阿育王本人也成为佛教徒。他下令整理佛教文献，使佛教教义更加完善。他还豁免了释迦牟尼出生地的一些税收。他为佛教建造了许多寺庙，给寺庙捐赠了大量的土地，并四处修建佛塔，宣扬佛教，使佛教向四方传播。

公元前 253 年，阿育王在华氏城召集佛教徒，举行了佛教历史上的第三次结集。从这一时期开始，佛教开始从古代印度传入其他地区。阿育王的儿子摩晒陀长老率领教团将佛教传入斯里兰卡。公元前 3 世纪，阿育王国王还派遣使团到阿富汗、伊朗和中亚各地，使佛教传入这些地区。阿育王为佛教的发展和传播作出了重大贡献，佛教正是在阿育王统治时期开始走向世界的。

公元前 2 世纪以来，在大夏王国和贵霜王国时期，佛教又有了新的发展。大夏王国国王弥兰陀、贵霜王国国王迦腻色迦都信奉佛教，而且对它的发展和传播给予了大力的支持。

迦腻色迦国王召集佛教高僧，举行佛教高僧大会，讨论和确定佛教经、律、论三藏的内容。这是佛教历史上的第四次结集。迦腻色迦国王相信佛教，为传授佛教修建了大讲经堂，雕刻了众多佛像，修建了佛教寺院和佛塔，使佛教在贵霜王国的信奉达到了很高的程度，王国都城富楼沙成为佛教中心。

佛教在笈多王国和南方国家依然是受到保护的，在西北印度、北印度和南印度一些地区还很昌盛。我国东晋高僧法显于公元 402 年经过葱岭进入印度，游历二十余国，后离开印度去锡兰。他写的《佛国记》记述了这次西行求法的经历。据他的记载，当时在西北印度和北印度，佛教是相当流行的，有的地区小乘兴盛，有的地区大乘兴盛，有的地区则大、小乘并行。如陀历国"有众僧，皆小乘学"，乌苌国"有五百僧伽蓝，皆小乘学"，宿呵多国"佛法亦甚"，"多小乘学"。

法显还提及富楼沙有佛塔高 13 米多，壮丽无比，这里的寺院有"七百余僧"。那竭国醯罗城有佛顶骨精舍，国王敬重顶骨，每日诣精舍以华香供养；城南寺院有 700 余僧。罗夷国"有三千僧，兼大小乘学"。毗茶国"佛法兴盛，兼大小乘学"。毗茶国东南，"诸寺甚多，僧众万数"。"沙河以西天竺诸国，国王皆笃信佛法，供养众僧"。关于北印度，法显记载道："长者、居士、婆罗门等各持种种衣物沙门所须以布施僧众。"僧伽施国的龙精舍僧尼可有千人，"杂大小乘学"。

规模宏大的那烂陀寺也是5世纪由笈多国王鸠摩罗·笈多扩建，后来发展为著名的佛教学术研究中心。笈多王国时期留下的大量佛像和佛教建筑物，包括阿旃陀石窟、犍陀罗雕刻等，也说明佛教的昌盛。

1世纪时，佛教又有了新的发展。在原有佛教中产生了一个新的教派。一些信徒高僧受到了外道思想的影响，在原佛教思想的基础上产生了一些新的认识。该教派自称为大乘佛教，它首先出现在南印度的萨塔瓦哈纳国，不久传到北印度，贵霜王国信奉的就是大乘佛教。乘，运载之意，喻达到解脱之途。大乘，意为宽阔通途。它兴起后即贬称原来的部派佛教为小乘，从此，佛教就有了大乘、小乘两大派。

佛教的大乘与小乘两派的主要区别在于以下几个方面。

第一，关于如何修菩萨行，大乘佛教主张"六度"、"四摄"、学习"五明"。"六度"的度，梵文是到彼岸之意，"六度"即布施、持戒、忍、精进、禅定和智慧，是讲修行的各种途径。"四摄"的"摄"，意为大众团结的条件。"四摄"即布施、爱语、利行和同事（使自己生活、活动同于大众）。这是讲菩萨在众生中活动的方法。为了利益众生，必须广学多问，因此要学习"五

→印度那烂陀寺

明",即五种学问。"五明"是声明(声韵、语义)、工巧明、医方明、因明(逻辑学)和内明(佛学)。这些规定比小乘佛教的道谛的规定更广泛,与世俗活动结合更紧密,更易为普通群众接受。

第二,大乘佛教称自己的宗旨是自度度他,是兼度,而小乘佛教只是自度。大乘教徒说大乘的宗旨是佛陀的初衷。佛陀曾说达到涅槃有三条途径,即听闻乘,听讲道而觉者;缘觉乘,靠自觉,不从闻和先世因缘而得道者;佛乘,通过普度众生而觉悟者。前两者是为求得个人解脱,第三类不但为个人解脱,也为众生解脱。大乘佛教的倡导者说,佛陀这三乘的提法是权宜之计,佛陀真正的主张是第三种。之所以要强调普度众生,是因为按照缘起说,任何人与一切众生都有同体关系,一切以一切法为缘而生起,又是生起一切法之缘。"一切众生是我父母",我"视众生如一系",故必然有慈悲之心。大乘派批评小乘派主张太局限,歪曲了佛的教导。

第三,小乘佛教以修阿罗汉果为目标,大乘佛教则以修佛果为最高目的,并提出修菩萨行作为第一步目标。"菩萨"是梵文"菩提萨埵"的简称,"菩提"意为觉、智,"萨埵"意为众生,菩提萨埵即为"觉有情、道众生"、"用诸佛道成就众生"之意。"菩萨"一词并非大乘佛教首创,在大乘佛教出现前,

小乘佛教《佛本生经》把成道前的佛陀称为菩萨,说他普度众生,累功积德,结果修成佛陀。大乘佛教创始者可能是从这里得到启发。菩萨的修行称菩萨行,其教法以达到佛果为目的,称佛果乘。菩萨是在修佛果过程中有极高成就而尚未达到佛果的人,或已能达到佛果但宁愿留在人间普度众生,把觉悟所得之果贡献给众生的佛。佛典上常提到的菩萨有弥勒、文殊、普贤、观世音等。大乘佛教高僧或居士特出者也被尊称为菩萨,如龙树、世亲等。大乘佛教主张所有佛教徒都应修菩萨行,成就佛果。

↓观音菩萨像

第四，小乘佛教以佛陀为导师，但并不把他看作神。大乘佛教则把他神化，并开始雕塑佛像，供奉礼拜。佛也多起来了，大乘佛教宣称过去有六世，未来有弥勒佛，还有据说出生时身边一切光明如灯的燃灯佛，东方净琉璃世界有药师佛，西方极乐世界有阿弥陀佛，南方欢喜世界有宝相佛，北方莲花世界有微妙声佛等。菩萨后来也有了偶像，成了崇拜对象，将文殊、普贤、观音、地藏称为四大菩萨。罗汉位于菩萨之下，和尚之上，他们遵照佛祖的命令，常住人间执行普度众生的任务。有十六罗汉、十八罗汉、五百罗汉等说法。小乘佛教没有供佛拜佛一说，大乘佛教这样做是吸收了婆罗门教的供神拜神的做法。虔敬拜佛也成了修菩萨行的主要内容之一。

第五，大乘佛教有自己的经典，如《大般若波罗蜜多经》《纱法莲花经》《大宝积经》等，是用梵语写的。大乘佛教的教义与小乘佛教有所不同。从哲学观说，小乘佛教主张"我空法有"，大乘佛教则主张"法我皆空"，即不但否认有一个实有的我体，也否认有客观世界的存在。大乘佛教内部因对教义的解释不同逐渐形成两个派别，即中观派（空宗）和瑜伽行派（有宗）。中观派理论奠基人是龙树和提婆，他所主张缘起性空。龙树把最高真理或实在称为空，说空是不可用语言或概念描述

的。他认为世上万物及人的认识都是一种相对的、依存的关系（因缘），一种假借的概念或名相（假名），他们本身并无独立的实体或自性。只有排除了执着这种名相的偏见，才能达到真理或空。瑜伽行派理论奠基人是无著和世亲，他们主张唯识无境，认为空和有应当结合，现象世界是空，但不能说佛性是空。他们提出现象世界是由人们的精神总体或作用——识所表现出来的，世界的一切属性都是人们的主观意识，即所谓"万法唯识"。这派中的陈那是因明学大师，对逻辑学的发展有突出贡献。大乘佛教哲理与小乘佛教大众部有一定关系，大众部中有的派别主张一切事物都没有实体，大乘佛教思想家可能受其影响。

↓喇嘛教（藏传佛教）画像

95

随着佛教在印度次大陆的繁盛，向外传播已是必然。从公元前后到 10 世纪，佛教的三大派经北路和南路传向东亚和东南亚等地区，其中被称为北传佛教的大乘佛教在中国、朝鲜、日本和越南北部得到广泛传播和发展，其主要经典是汉译梵文大藏经，又称汉语系佛教。被称为南传佛教的小乘佛教，在斯里兰卡、缅甸、泰国、柬埔寨、老挝和我国的云南得以传播和发展，其经典是巴利文大藏经，又称巴利语系佛教。密教则与我国西藏的原始宗教"苯教"相结合，发展为喇嘛教，其经典是藏文大藏经，所以又称藏语系佛教。它后来传入我国青海、内蒙古以及尼泊尔、锡金、蒙古和俄罗斯西伯利亚地区。这样，佛教在印度以外的亚洲地区的影响日益扩大。到 18 世纪中叶，佛教又由东南亚传入欧美，至此，佛教发展成为世界三大宗教之一。

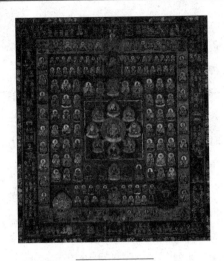

↑密 教

佛教在向外传播的过程中，我国与印度的人员往来颇为频繁。约在公元 1 世纪左右，已有印度和尚来到中国。如公元 179 年有竺佛朔；公元 197 年有竺大力；公元 3 世纪有释迦跋澄、释迦提婆；5 世纪有求那跋陀罗；6 世纪有真蒂。到隋唐时，来我国的印度佛教人员就更多了，可谓举不胜举。

拓展阅读

禅 定

禅定又名三昧，所谓"念佛三昧，三昧之王"。"禅"、"定"亦即"止"、"观"，止是放下，观是看破。禅定是指"心一境性"，让混乱的思绪平静下来，外禅内定，专注一境。禅定必须先由"入静"开始，到达"至静"，才能达到"寂静"，此时已经是忘我的境界，从"身空"、"心空"而进入虚空法界。然而坐禅要进入禅定的境界，必须具备超越的精神，才能突破一切生理、心理及潜意识的障碍。禅的意义就是在定中产生无上的智慧，以无上的智慧来证明一切事物的真如实相。

直到 13 世纪，古印度的佛教差不多衰亡了，南印度有个敦巴桑结还五次来我国西藏传教。当然，其中最有名的是鸠摩罗什，他系统地将印度古代的重要哲学思想介绍到我国，还翻译了大量佛教经典，他是一位在我国的宗教、哲学和文学史上起过重大作用的印度学者。印度学者来中国后，译经、传教、讲学，做了大量的工作，不仅对我国文化发展起了帮助作用，而且同中国学者合作，把许多印文典籍译成汉文，使得这些迄今已在印度失传的典籍得以保存。

据史书记载，公元前 2 世纪，中印两国之间就有了接触。在魏晋时期就有些人去印度学习佛教，以后时断时续，不断有人前往。从公元 3 世纪中叶起到 8 世纪中叶的 500 年间，从中国到印度去的佛教徒就有 160 余人。

在以后的一千年间，仍有许多佛教徒去印度学习。这些人中最著名的有法显、宋云、惠生、玄奘（即唐僧）、王玄策、义净等人。他们历尽千辛万苦，九死一生，到了印度，在那里取经求学，交流文化，同印度人民缔结了深厚的友谊。至今在印度，玄奘等人的名字家喻户晓。还有些人在取经的过程中有去无回，有的在印度归天，有的葬于半路，连姓名都没留下，但他们的精神却永留于世，为中印人民所敬重。

自佛教传入中国后，上至皇帝，下至庶民，很多人深受其影响，对当时人们的思想、社会科学和文化起了刺激作用，在某种程度上说，它促进了中国文化的发展。

随着 9 世纪印度教的兴起和 10 世纪伊斯兰教在印度的传播，佛教开始衰落。到 13 世纪，佛教在印度基本消亡。19 世纪时，佛教从斯里兰卡返回印度，并逐渐得以复兴。如今，佛教在世界的不同国家和地区，仍以不同的形式产生重大的影响。

拓展阅读

密　教

密教又作真言宗、瑜伽宗、金刚顶宗、毗卢遮那宗、开元宗、秘密乘，它是依真言陀罗尼之法门，修五相、三密等妙行，以期即身成佛的大乘宗派，为我国十三宗之一，日本八宗之一，主要以金刚顶经为经藏，苏婆呼经为律藏，释摩诃衍论为论藏。密教的经典统称为密经。

印度教

印度教形成的历史过程很长，从公元4世纪笈多王朝开始，中经8～9世纪商羯罗的改革，最后定型。印度教亦称新婆罗门教，是在婆罗门教的基础上融合了佛教和耆那教的某些思想，又吸收了印度其他的民间信仰，最终演化而成的。印度教在某些方面与古代婆罗门教不同，它是适应封建制的产生和发展而形成的封建社会的意识形态，但其基本特征和文化传统仍然沿袭了古代婆罗门教。

"印度教综合了多种信仰，所以它非常复杂，"有的学者曾经指出，"想把印度教作为一个整体来加以描述的任何企图，都会导致惊人的对比差异。"正如马克思曾经指出的那样："这个宗教既是纵欲享乐的宗教，又是自我折磨的禁欲主义的宗教；既是林加崇拜的宗教，又是札格纳特的宗教；既是和尚的宗教，又是舞女的宗教。"

印度教大致有四个主要教派：尸摩多派或称传统主义派、毗湿奴派、湿婆派和性力派。尸摩多派崇拜佛教以前的古婆罗门教的传统，在现实环境许可的范围内尽量遵行古代仪式，奉行多神信仰，承认泛神论是最高真理。这一派教徒的人数在印度教教徒中占多数。

印度教三大主神之一梵天，亦称大梵天，被认为是世界的创造者、宇宙的始祖，他有四个头面向四方，四只手分别拿着吠陀经典等物。他不仅创造了神，同时也创造了魔鬼和灾难，在三大神中梵天的地位不高，崇拜者寥寥，没有形成独立的教派。

毗湿奴派信徒崇拜毗湿奴为最高神。毗湿奴，意译为遍入天，皮肤深蓝，有四只手，躺在巨蛇身上，被认为是兼有创造和破坏两种能力的，是宇宙的维持者，无所不在，高于一切；

四只手，通常的形象是戴着骷髅项圈，手持三股叉，具有多种职能。印度教认为毁灭具有再生、重建之意，所以湿婆被奉为破坏与重建之神。他能降妖伏魔，额上第三只眼发出的圣火能烧毁一切。湿婆信徒认为，男性生殖器（"林伽"）是湿婆的象征，是再生能力的象征，因而受到崇拜。

湿婆有八种（地、水、火、风、空、日、月、祭祀）化身，亦称大自在天。湿婆教派流行于克什米尔和南印度等地。湿婆派信徒认为，只有膜拜湿婆，灵魂才能消除污秽，实现净化，最终才能得到解脱。湿婆派的某些信徒是苦行主义者和神秘主义者，但在其他族中湿婆崇拜要求血祭，而且同采用放荡礼仪的繁殖崇拜相联系。

性力派是从湿婆派分化出来的，它主张女神的性力（活动力）是最高神或最高实在。女神显现出的积极活动是宇宙万物创造和发展的动因；而男神则是非活动方面，只有男女神结合才能产生强大的力量。其信徒都是一些性力崇拜者，以某些仪式崇拜某尊女神。东印度土著居民崇拜生育繁殖的女神。性力派正是吸收民间女神崇拜因素的结果。性力派崇拜的对象主要是湿婆的妻子乌玛女神、毗湿奴的妻子吉祥天女、梵天的妻子辩才天女等。其崇拜仪式秘密进行，以酒、肉、鱼和人体作祭品。性力派不相信

↑梵天塑像

他有很多化身，曾化作鱼、龟、野猪、佛陀等。据说他十次下凡救世，有一千多个称号，其妻为吉祥天女。这派教徒认为通过默念神名和坐禅可以获得解脱，强调禁欲、苦行、素食，宗教活动一般在寺庙里举行，教徒额上划有"U"字标记。该教派主要流行于印度北部和西海岸地区。

湿婆派信徒崇奉湿婆为最高神。湿婆被认为是毁灭、苦行和舞蹈之神，其形象被描绘成有五个头、三只眼、

古文明浅读

深远影响亚洲的文明——古印度文明

业报轮回，反对种姓制度和歧视妇女。这一教派流行于孟加拉、奥利萨、阿萨姆、尼泊尔和南印度的喀拉拉邦等地。

上述印度教四个主要派别，虽然最终形成的时间有早有晚，但在笈多王朝和曷利沙帝国时期都有了发端，构成不同的教派。此外，印度教崇拜的神还有很多，包括甘奈希（象头神）、主神的坐骑，其他神如太阳神、月神、风神等，对母牛、神猴的崇拜也很盛行。恒河也成了圣水，神话说它是从毗湿奴足下流出的；贝纳勒斯等地都成了圣地。

经过变化的印度教，其信仰有以下几个要素。

第一，信奉多神教的泛神论。多数印度教徒是多神论者，虽然他们尊敬几种神祇或鬼神的偶像，但是他们只向一个天神进行礼拜。从这个意义上来说，他们多数人又是一神论者，当然这种一神论常常具有多神论的色彩。印度教徒说我主创造诸天，我主即是一切天神。印度教徒崇拜的最高神是全能全智的中性神梵天；在这中性神之下，又有三个男性主神，即职司创造的梵天，专司保护与守成的毗湿奴，主管破坏、生产和生殖之类事情的湿婆。

此外，还有其他一些不甚重要的神，如知识女神、恒河女神、文艺女

↑ 湿婆神塑像

神、象首神（颇类我国城隍庙中的土地神）等。除上述大神外，还有人信仰湿婆之妻乌玛女神，也就是力量之神。

梵天为创造神，为宇宙的最高主宰和创造者。据说他的原型是《梨俱吠陀》中的祈祷神，原始雅利安人认为祭献和祈祷是获得神灵赐福的有效途径。到了婆罗门教完全形成的吠陀时代后期，梵天神的观念已同过去大相径庭，梵天成了唯一、永恒、真实的存在，梵天代表一种抽象的力量，他被具体化为能够在一片莲叶上安坐的细小形象，然而这个神促进了神秘的禅定，万物与人间事象都是虚幻，人只有虔诚信仰梵天，超越现实的苦

与乐，才能达到梵我合一的最高理想境界。

湿婆神为生命和毁灭之神祇，有善恶的两面性，他源自《梨俱吠陀》中的小神楼陀罗。在早期的祈祷文中，他已获得湿婆（慈悲之神）的称号，后来很快被尊为伟大的神祇和生物之主。有人认为，湿婆神之所以能孚众望，可能是他与印度河流域土著的主要男神是同一神灵的缘故。由于湿婆生殖崇拜信仰颇能迎合其要求人丁繁旺、五谷丰登的心理，所以湿婆信仰不仅从次大陆波及东南亚地区，也影响到古代中国的西南。

毗湿奴大神具有保护万物和降魔除妖的威力，他被视为欢乐的善神，是代表宇宙中创造力或构成力本原的"保护之神"。毗湿奴据说不赞成杀生，所以他所收受的祭品不是牺牲而是花环。毗湿奴在《梨俱吠陀》中是小的日神，他的三大阔步能丈量出世界，使一切生物都得到居所。

毗湿奴成了人类苦难的拯救者和众神的救世主，能维持宇宙和精神世界的秩序，实际上他取代了吠陀时代早期至高无上的天神富楼那的地位。神话称毗湿奴不仅是"世界之主"，而且是无穷无尽的"宇宙之水"本身。印度古画描绘的神话题材"梵天诞生图"，毗湿奴就躺在巨蛇身上，漂浮于大海，从他的肚脐上生长出一朵莲花，

莲花上托出的多头神灵就是创造万物的"原人"梵天。而在毗湿奴脚边跪蹲着形似女仆的神灵，就是莲花女神罗什弥，她本是庄稼的保护神、丰产女神，也即大地女神，她能赐予人们金子、母牛、马匹、奴仆、声望、子嗣、健康等，如今显赫的罗什弥女神却演变成了毗湿奴大神温顺卑微的妻子。

↑毗湿奴画像

另外，印度教认为神有无数化身和不同形象，一般认为毗湿奴有罗摩、黑天（克里希纳）、人狮、镇蛇石雕等12种化身。《薄伽梵往世书》中说，毗湿奴曾化身投胎为一个侏儒，他一

身黝黑的皮肤，大大的眼睛，熠熠闪光的面庞就像初升的太阳。毗湿奴的另一个化身是黑天大神，他那光辉圣洁的形象也是以莲花慧眼、鬈黑皮肤、手持法螺的形象出现。湿婆也有六手拜拉布、林伽（男性生殖器）等八种化身，而湿婆之妻乌玛女神则有二十余种化身，其中既有慈眉善目、满面春风的少女形象，也有狰狞可怖、口滴鲜血、手持利刃的恶刹面目。

第二，在印度教中，吠陀虽然仍被视为经典，但它在宗教上所占的重要地位已被《薄伽梵歌》和《往世书》取代。《薄伽梵歌》不再强调那些群众既不理解又没有经济力量实行的祭祀仪式，而强调个人要获得最终解脱有三条道路可循，即业道，指严格奉行达摩、羯摩，有为而不追求结果；证悟，指通过一定的修持亲证梵；虔信，指对神的信赖、皈依，它把内心信仰放到了突出位置，强调只要虔信神就可接近神。按照这种主张，敬神要靠内心信仰，不需要复杂的祭祀仪式。从此，在印度教中祭祀少了，开始盛行偶像崇拜，它被认为是内心信仰的重要表现形式。与此相联系，这一时期开始有了简单的印度教神庙。

第三，在印度教中，首陀罗的宗教地位有所改进。印度教允许首陀罗听诵史诗、《往世书》，崇拜黑天克利希那，允许在家里举行宗教仪式。这是为了稳住广大农民、手工业者，阻止他们改信佛教。不过贱民的宗教和社会地位没有任何改变。我国东晋高僧法显《佛国记》记载道："首陀罗，名为恶人，与人别居，若入城市，则击木以自异，人则识而避之，不相唐突。"

第四，印度教主张因果报应和轮回思想，即所谓灵魂的转世。它认为生命不是以生为始，以死告终，而是无穷无尽一系列生命之中的一个环节，每一段生命都是由前世造作的行为（业力）所限制和决定的。动物、人类和神的存在都是这个连锁中的环节。一个人的善良行为能使他升天，邪恶

↓印度教的朝拜圣地黑风洞

行为则能令其堕为畜类。一切生命，即使在天上，死后必有终了之期，所以不能在天上或人间求得快乐。虔诚的印度教徒一般的愿望是获得解脱，即脱离生死轮回。

印度教的业报轮回理论既解释了人间现实的不平，又提出了改善未来状况的途径。印度教一向坚称轮回业报说绝非宿命论，指出任何一个人的未来都掌握在自己的手中，他日的幸福，全靠今日善行的福报。

印度教最具特色的地方是对于地狱苦况的描写。按照它的说法，人死后，前来拘魂的鬼役先把死者的命装入一个肉体，用绳索套上脖颈，然后上路。他须过冥河，去阴界。冥河水流湍急，其水滚烫，漂浮着污血、尸骨、毛发、屎溺、恶臭无比。在通往地府的路上，昔日行善和昔日为恶者所受待遇大不相同。行善者（虔诚、正直、与人为善、常行布施）一路上乘天车，衣美服，啖玉食，饮琼浆，饰金银，伴妍妇，神祇拜迎，仙人颂德。阎罗王呈四面之像，持螺贝、宝剑等，接待他一如爱友。

为恶者赤身裸体，口敝舌焦，或为绳钩所拽，或遭刺棒驱赶，鼻系铁球，脚踏热沙，上刀山剑树，穿无底黑洞，过火林，行陡岸，路铺荆棘，坡生滑苔，热病煎骨，虎啸怖心，上有骄阳，下有滚石，索牵于前，鞭鸣

↑ 阎罗王塑像

于后，哀号啼泣，踉跄而行。阎罗王也变得凶恶无比。阎罗王长着 32 臂，腰围达 45 千米，犬齿勾曲，目如深井，手持刑杖，声似雷霆，左右立录事、死神、瘟神，四周鬼役扬声咆哮。阎王殿上，录事照薄历数死者的罪愆；死者则涕流满面，颤抖不止。

阎罗王铁面无私，无论贫富、贤愚、勇怯，一视同仁。那些死者论罪当入地狱的，他们将在那里经受百般折磨，尝其恶业罪果，然后带着未尽的旧业返回尘世。地狱名目繁多，罪名不同入不同的地狱，有血水狱、黑色狱、剑树狱、火焰狱、夹人狱、食狗狱，以及成百上千的其他地狱。有

罪的人在那里为他们的恶业而受惩罚。

对于不同的罪愆，有不同的赎罪方法，使犯过者得以避免被动地遭受报应。比如，背叛师父或神祇者，可以轻念10 000遍"补罗那伐"使自己重新变得纯洁；违约、食不得食之物、说不当说之话者，可以靠念1000遍有关咒语自赎；杀了鸽子、乌鸦、猫头鹰等禽类的，念108遍即可。因过失而杀了婆罗门的，可以盘起头发，穿着树皮衣，手擎被杀婆罗门的头骨在林中游荡，以野生果实为生，每日沐浴3次并在晨昏行祭，放弃学习和教授吠陀经典，定期到圣地朝拜……如此做赎罪苦行12年后，他可重获纯洁，重新以主持祭仪为业。

一个刹帝利偷了婆罗门的财富，他不仅要忏悔并退还原物，还要修热苦行，加上禁食12天。对于饮酒、偷窃、通奸等罪状，常就情节轻重，仔细地罗列出相应的赎罪方式。通过赎罪，原有的恶报或被免除，或遭推翻，总之再不应验。

至于解脱的途径，最典型的是《薄伽梵歌》所提出的三种方式，即智瑜伽、信（即虔信）瑜伽和业瑜伽。其中最被提倡的是业瑜伽，即业解脱道，其主要观点是："一个人应该不因做业而希求得利，也不因无为而获取什么。他没有任何利益要从所有的世间之物中索取。谁始终做应做的业而

无所执着，他就能因做业不执着而达到最高（境界）。""你唯一需要的就是做业，而且不期望相应的果报。不要以追求业报为动机，也不要一心只想回避做业。"这样，"既无所喜，又无所厌，他就应被看作是一个具有内在脱弃（尘俗）精神的人。他就能够不走两个极端，可以轻易地从束缚下解脱出来"。

总之，作为印度教徒，必须依照印度教经典的规定履行自己的职责，但这种履行一定要是无动机的，即不怀私心，不图果报。一句话，勤恳做业而无所企求。这里至为关键的一点是做业的态度，不计较结果，做业只求其然而不问其所以然，自然会超越圣典规定的职责，处于解脱状态。《薄伽梵歌》认为，从终极的观点看，实际上并无业善业恶之分，只是人因为本身无知而为幻象所迷，才妄自加以区分。无知一旦驱除，宇宙的最高本体梵就会显现。一个人的心智为它所开启，他在轮回中长久流转跌宕的命运即告结束。

智瑜伽是指通过冥思求得对于精神世界的真切认识，对于最高本体的彻底领悟，由此取得的知识和智慧足以将宿业烧毁。信瑜伽主张虔诚敬神，通过沐浴神恩，达到无上宁和的永恒之境。在业报轮回理论中引入神的干预，无疑有助于业解脱道的实践。当

人相信自己所做的一切不是为己，不是为人，而是为神的时候，他就比较容易忍受难免会有的烦恼和痛苦，也不至因为内在的疑虑或反感而心出怨怼。

瑜伽是印度教徒追求解脱的修炼手段，是人类智慧的结晶。瑜伽修持者开始只有少数人，一般在寺院、乡间小舍、喜马拉雅山洞穴和茂密森林中心地带修持，由瑜伽师讲授给那些愿意接受的门徒。传说古印度高达8000米的圣母山上，有人修成圣人，亦有人成为修行者，他们将修炼的秘密传授给有意追求者，一直沿传至今。

从哈拉巴和摩亨佐·达罗出土的印章中，可以看到那时的苦行僧修炼瑜伽的形象。有一个印章只是简单地描绘了修炼瑜伽者的坐姿，但他的坐姿与现代修炼者的坐姿一模一样。这说明早在公元前4000年就已有了瑜伽。瑜伽的原意是"结合"、"和谐"、"一致"。修炼者必须在僻静的地方盘膝坐下，双腿交叠在一起，也就是我们所熟悉的"莲花坐姿"，平心静气，沉思默想，以达到自我同天神合一的境界。据说到了那个境界，人便可以获得解脱。古印度人修炼瑜伽，据文献《薄伽梵歌》记载是这样进行的。

如果要修习瑜伽，一个人必须找一个僻静的地方，把一些枯草撒铺在地上，然后盖上一张鹿皮或一块软布，座位不应太高也不应太低，位于圣洁的地方，修炼瑜伽的人应该稳坐着，通过控制心意和器官，净化心灵，将心意集中于一点……

一个人必须将他的躯体、颈和头竖直，然后凝视着鼻尖……

遮蔽了所有的外在感官对象，将双眼和视野集中于两眉中间……

谁在进食、睡眠、工作和消遣中有节制，谁便能够通过瑜伽的修炼来减少所有物质的痛苦……

瑜伽的境界是摒弃五官的活动，将所有的感官门户关闭，将意念集中于心，将生命固定于头顶上，这样便是处于瑜伽的境界中……

修炼瑜伽的人，经过瑜伽的修习而使心意超然——没有所有的物质欲望时——他便可以称得上达到了瑜伽的境界。

古代那些苦行僧和隐士们，常常置身深山密林、幽洞清泉，整日端坐，排遣杂念，追求心灵上的超脱，达到忘我的地步。

大约在公元450年以后，有一个名叫波颠阇利的人总结了前人修炼瑜伽的经验，写了一部《瑜伽经》。他给瑜伽下的定义是"制止思想活动"。修炼的方法总称为"阿斯当伽"——所谓的"八支"。

禁，即断绝欲念，灵魂接受不杀生与梵誓的约束，放弃追求自我，使

古文明浅读

深远影响亚洲的文明——古印度文明

自身摆脱一切物质利益和企求，并且对万物满怀善意。

劝，即对瑜伽原则的诚意恪守，保持洁净、满足、去邪、研习及虔敬。

体位或姿势，此时的目标是镇定一切感觉，达到此目标最好的姿势是把右脚放在左大腿上，并把左脚放在右大腿上，交叉双手握住脚大拇指，下巴弯抵胸膛，双眼直视鼻尖。

呼吸法，借这些方法，除了呼吸之外，可以忘却一切，澄清心灵，以达到空无一物和全神贯注的境界。同时，修炼者学会以最少量的空气维持生存，并能够让自己埋在土里多日而不致损伤。

分神法，此时心灵控制一切感觉，心意内敛，摆脱一切感觉对象。

凝神法，修炼者使心灵或感觉与一念或一物相合，或者使心灵和感觉充满一念或一物，以排除其他一切。修炼者专注于任何对象足够长的时间，灵魂将摆脱一切感觉、一切明确的思想以及一切自私的欲念，而后心灵即可摆脱事物，就会自由地感受真相的非物质本质。

守思，这是由于精神专注而形成的一种几近于催眠的状态。最后，苦行达到瑜伽最高的境界——法悦。

在此境界，心念烟消云散，心灵空寂地离弃了分离着的自我意识，而与整体相合，达到了喜悦如神般的对一切如一的了悟。这是一种非言语所能传达的境界，没有一种理智或推理能够发现它或表述它，"只有经过瑜伽才能了解瑜伽"。

古代瑜伽主要是调息静坐，达到静虑修身的目的，似乎是越静越好。后来，有人觉得光坐着不动还不够，于是就站了起来，创造出种种动作，现代称之为瑜伽体操。虽然已不打坐，但仍把各种姿势称之为某某打坐。例如，被认为是最难的一种打坐是头和前臂着地、全身挺直、双脚朝天，据说常做这个动作对身体大有好处。根据瑜伽理论，不管哪种姿态，修炼者如果能坚持两个"嘎梯卡"（约合48分钟），就算打完了这一坐。

苦行是瑜伽士寻求解脱的主要方法之一。在印度经常可以看到祖胸露肩的苦行者在路旁打坐冥想，在这段时间里，苦行者以极端瑜伽方式对待自己的身体，生活极其简单并实行彻底的禁欲。有时还要遵守古代沿袭下来的各种条例规定，苦行者通常身体消瘦，衣着俭朴甚至破烂，皮肤黝黑和行囊空空如也，但是他们目光犀利，有坚定的信念和善良的品行，经常具有常人没有的神奇的神通力，他们遵守瑜伽的道德，坚信通过苦行可摆脱业的束缚，使生命得到永恒的净化。他们是受人敬重的。

在古代，瑜伽是纯粹的神秘主

↑瑜伽体操动作

义——一种实现灵魂与上天合而为一的企图。在印度传说中，据说古代有七个智者，借着苦行和沉思默想获得关于一切事物的完全的知识。在后来的印度历史中，瑜伽被魔术腐蚀，只想着奇迹的力量而不顾了悟的宁静。瑜伽行者相信，通过瑜伽，只要集中注意力于身体的任一部分，就能麻醉和控制它，就能够随意使自己隐形，或者使别人无法移动自己的身体，或者在瞬间通过大地的任何部分，或者想活多久就活多久，或者知道过去和未来以及最远的星辰。

印度瑜伽在几千年漫长的发展过程中出现了许许多多的流派，每一派都说自己传自古代瑜伽的正宗。现在，最主要的瑜伽流派有五个。

第一个是格尔玛瑜伽。"格尔玛"即"业"，也可译为"行为瑜伽"。它的主要特点是强调修炼者的日常行为举止。它要求人们明智、善良地生活，寡欲静心，不玩物丧志。它认为人的最好的朋友和最坏的敌人是他自己，人的功过成败全靠自己的所作所为来决定。这种瑜伽与其说是一种修炼方法，不如说是一种生活方式。

第二个是杰恩瑜伽。"杰恩"的意思是"知识"。这一派的特点是强调修炼者的悟力，要求人们全面地洞察和理解世界，所以瑜伽也被认为是一种哲学。

第三个是拉贾瑜伽，也译作"王瑜伽"。这一派以静坐为主。上面所讲

你知道吗

地狱

地狱宗教信徒认为是人死亡后灵魂去的地方。在汉族传统宗教观念中，地狱是阴间地府的一部分。地狱的观念广泛分布于世界各地的宗教信仰观念中，如道教、佛教、印度教、犹太教和基督宗教中的一些派别、伊斯兰教等。其实，阴间和地狱的性质不尽相同。阴间也称冥界，泛指亡魂所在的空间，而地狱特指囚禁和惩罚生前罪孽深重的亡魂之地，可以说是阴间的监狱和刑场。

的"八支"是这一派的主要修炼方法。有人认为拉贾瑜伽是所有瑜伽形式的基础。

第四个是哈特瑜伽。"哈特"是手的意思。这一派除了打坐调息外，还可以站起来，加上手和身体其他部位的动作。现代的瑜伽体操从它发展而来。

第五个是帕克蒂瑜伽。"帕克蒂"的意思是"虔诚"和"崇拜"。它要信徒向神奉献出一切，慷慨而仁慈，只给不取。它宣传瑜伽的中心是爱。

印度教的一些大师宣扬它是最高境界的瑜伽。这一派的宗教色彩最浓，也显得最神秘。

现代印度的瑜伽已经传遍世界，是世界上公认的最古老、有实效的亚洲式健身美体修炼术。练习瑜伽，不仅可以消除紧张、缓解压力，使人的精神与身体进入纯净的境界，更能有效地完美体形体态。不少国家和地区的练功者将练习瑜伽作为修身养性的重要方法。

拓展阅读

《佛国记》

《佛国记》，又名《法显传》《历游天竺记》《昔道人法显从长安行西至天竺传》《释法显行传》《历游天竺记传》《佛国记》等，一卷。东晋法显撰，成于义熙十二年（公元416年）。《佛国记》全文13980字，全部记述作者公元399~413年的旅行经历，体裁是一部典型的游记，也属佛教地志类著作。这部书是研究中国与印度、巴基斯坦等国的交通和历史的重要史料。伴随佛教而来的西域、印度文化，在语言、艺术、天文、医学等许多方面对我国文化产生了积极的影响。

吠陀诸神

印度雅利安人堪称神灵的后裔，《梨俱吠陀》中保存了很多关于诸神的神话传说，有大量神的颂歌。在这一经典中可以找到印度神话中的许多神灵。

公元前5世纪，在《梨俱吠陀》的基础上，耶斯迦在《尼禄多》一书中对《梨俱吠陀》诸神进行了详细的分类。耶斯迦认为，宇宙是诸神的活动空间，它分为三界：天界、空界和地界。天界又叫"大虚"或"光明"，也就是天国，是光明的世界，人的肉眼根本无法看到。天界又分为顶上、高处、背部三部分，合称"三光明界"。在天界的下面是空界，也就是人的肉眼看见的天空，因其位于天界和地界之间，所以又称中间界。在天界和空界的交界处有一座天棚，叫作穹隆。空界由两部分组成，靠近天界的部分叫天分，靠近地界的部分叫地分。

地界与天界相距甚远，飞行千日才能到。地界又分为前方（即东方）、后方（即西方）、上方（即北方）、下方（即南方），所以还被称为"四极界"，诸神依据各自的职权范围，分为支配天、空、地三界的神。

《梨俱吠陀》诸神中的天界众神主要有不列诸位。

光明神，名为特尤斯，是晓神乌舍、耦生神阿须云的父亲。天空神，名为婆楼那，是吠陀神界中最有力量的神之一，身穿金色衣服，经常坐着马车巡视天空，他是全知之神，还是秩序的维护者，在自然界主持天、空、地三界，掌管着四季昼夜的运行。宇宙之王，名为米特拿，他神力无边，智慧非凡，可与婆楼那相媲美。太阳神，名为苏利耶，他全身金色，主要职责是用天之眼监视下界芸芸众生的举动，为人们驱散黑暗，带来光明，

古文明浅读

深远影响亚洲的文明——古印度文明

把人们从睡梦中唤醒并起来活动；到了晚上再让他们酣然入梦。他的神力可以让神和人得到永生，可以驱除妖魔鬼怪，驱除人的噩梦。在他的引领下，死者的灵魂可以升天，就连因陀罗和婆楼那也无法与他的力量相媲美。畜牧的保护神，名为布咸，他手握金枪和刺铬，乘着羊车，能为旅行者驱逐猛兽和盗贼，他也有引导死者的灵魂升天的神力。

印度教的主神，名为毗湿奴，在《梨俱吠陀》中，他的地位很低，后来，在《阿闼婆吠陀》和《耶柔吠陀》中，他的地位才慢慢地提高。一直到了梵书中，其主神的地位才确定下来。

天界中还有其他一些神，如自由女神阿迭多；晓神乌舍，她是吠陀众神中最漂亮的女神；黑夜女神拿德利；头戴莲花冠的耦生神阿须云等。

《梨俱吠陀》诸神中的空界众神主要有下列诸位。

战神和雷霆神，名叫因陀罗，他是吠陀神界中最重要的神之一，是善见城的主人。破坏神，名为鲁特罗，在《梨俱吠陀》中，他的地位不高，在后来的《阿闼婆吠陀》和《耶柔吠陀》中，他才逐渐演变成湿婆。他手持的弓矢是他的武器。在后来的吠陀中，他有千眼，腹部是黑色的，背部是红色的，脖子是青色的。他在发怒

时，会用霹雳之矢杀害人畜，破坏草木。但他不只是恶神，他还能医治人畜的疾病，可以说他是医神。暴风神，名为马尔殊，全身火红，并且散发着光芒，他穿着金色的盔甲，肩上扛着枪，有金色的饰物挂在胸前，乘坐的车也为金色，行动时像狂暴的猛兽一样。风神，名为伐由，在众神当中，他行动的速度最快，能替人治病，还能让人长生不老。降雨神，名为巴尔加鲁耶，用桶或水囊为大地施雨，滋润草木是他的主要任务。

除此之外，空界小神还有驱魔神德利陀·阿布德耶、把火种从天上传到地上的神马德里须温等。

《梨俱吠陀》诸神中的地界众神主要有下列诸位。

火神阿耆尼，在《梨俱吠陀》中，他的地位相当高，能破除黑暗。祭坛之神，名为勿里阿婆波底，传说他为阿耆尼的祭官。月神和酒神，名叫苏摩，负责制作诸神的饮料。河神与智慧女神，名叫萨拉斯瓦蒂，除上面地界三大神外，她最为有名，后来经过发展，成了印度教主神梵天的妻子吉祥天女。

在《梨俱吠陀》中，除了三界众神，还有不少魔神，其中以恶神阿修罗和恶鬼罗刹为主。魔神阿修罗以变化见长，与天界作对，在后来的《奥义书》中又叫"非天"。恶鬼罗刹经常

↑吉祥天女像

与人类为敌，爱吃人肉和马肉，他经常变化成各种形象危害人类，比如狗、秃鹰、枭等动物，有时也变成人形，特别是变成人们的兄弟、爱人或丈夫的样子。

在《梨俱吠陀》诸神中，诗人们最感兴趣的是战神兼雷霆神的因陀罗、火神阿耆尼、月神和酒神苏摩。在《梨俱吠陀》中，有一半以上篇目的诗歌是颂扬这三个神灵的。其中，有将近250首是歌颂因陀罗神的，有200多首是歌颂阿耆尼神的，有120多首是歌颂苏摩神的。因此，这三个神灵在《梨俱吠陀》诸神中最为重要。

在《梨俱吠陀》中，主神是被称为"众神之王"的因陀罗。因陀罗是战神和雷霆神，他的头发呈棕色或金色，长有胡须，形象千变万化。他力大无穷，主要作战武器是工艺神陀湿多为他制造的金刚杵，该杵有尖角，由铁或铜制成，呈红黄色，闪闪发光。他在攻击敌人时，有时也用弓箭，或用一把钩子，或用一种网。三个利普神为他制造了战车，他乘车作战时快如闪电；驾车的马是利普神所制，颜色是红黄色，和金刚杵的颜色一样。因陀罗作战时从来不是单枪匹马，成群的暴风雨神摩录多是他的得力助手，火神也和他形影不离。他最爱喝苏摩酒，这种酒能使他的战斗力得到增强，让他所向无敌。他胃口极大，一顿能吃下多头火神烤熟的金牛，也吃粮食，喝加了蜜的牛奶。

降服恶龙乌里特那是因陀罗最有名的事迹。因为乌里特那阻断了河流，还妨碍降雨，激怒了因陀罗，因此他用金刚杵讨伐乌里特那。据说，他喝了三池苏摩酒，带着一群摩录多与乌里特那展开激战，他用金刚杵狠狠地打在乌里特那的背部和脸上，把它打死了。乌里特那倒在了地上，震天动地。在大战过程中，电闪雷鸣，风疾雨骤。因为这件事，因陀罗获得了许多母牛、阳光和苏摩酒，还得到了"杀死乌里特那者"和"水中胜利者"的美誉。此后，他劈开大山，让被困

古文明浅读

深远影响亚洲的文明——古印度文明

的水向大海奔腾而去。他还用金刚杵挖掘水渠，让七河之水尽情流淌，使农田和牧场得以滋润和灌溉。他还曾打败过有99只手和三头六眼的怪物拿拉。

因陀罗不但是雷霆之神，还是印度民族中武士族的军神。他还有另一个称号——"城堡破坏者"。据说，他

↑ 战神因陀罗

在和妖魔（土著达萨人）的战斗中，摧毁过不计其数的城堡，其中属于乌里特那的就有99座。他对达萨人异常凶残，在一次战斗中，他不但将达萨人的多座城堡摧毁，还捉住了一千名俘虏，赶走了五万人，杀死了三万人，并把他们的牛羊掠夺一空，给雅利安人带来了财富。因此，从某种程度上说，因陀罗身兼军政首长、部落英雄、祖先代表等数职，是整个雅利安人部族和国家的保护神。

在《梨俱吠陀》中，诗人歌颂因陀罗的丰功伟绩，尊他为风群之主、慷慨之主、财富之主和骁勇战士，人们经常向他祈福。后来，他的形象被佛教吸收，并变成了佛教中的主神"帝释天"。

与《吠陀》中的因陀罗相比，佛教神话中帝释天的身份和神性都有了很大的变化，地位比原来低了很多。帝释天作为佛教的护法神，是忉利天（即三十三天）的主人。帝释天的住所在须弥山顶的中央，四方各有八天，加上中央的帝释天，一共三十三天。山顶上有座天宫"善见"，那就是帝释天所居之处。须弥山的四面山腰是四天王天，住着四大天王，周围还有七香海和七金山，再向外有咸海环绕，咸海的四周就是四大部洲。帝释天是天地间的道德维护者，天神若有违天规，便会受到他的惩罚；若人间昏君无道，他就会除之。在佛教神话中，帝释天头戴宝冠，身上装饰各种璎珞，手持杖或杵，主要负责保护佛祖、佛法和出家人。在中国寺庙里，他的形象大都是少年帝王，并且是男

身女相。

在《梨俱吠陀》诸神中，好战的魔神阿修罗是比较另类的角色。在吠陀时代早期，阿修罗是天界神灵的总称，集神灵与恶魔于一身，但是到了吠陀时代的后期，他逐渐成了恶魔的专称。他有男女两个形象，男身异常丑陋，女身却娇艳如花。阿修罗与天神之间水火不容，时常发生战争。

阿修罗和天神一样，也是梵天的子孙、仙人迦叶波的后裔。据说，迦叶波的妻子很多，主要的天神都是阿底提所生，而陀努生的都叫"檀那婆"，阿底提生的都叫"达伊提耶"。檀那婆和达伊提耶是阿修罗的主要成员，他们和天神是弟兄，聪明而有威力，在三界建有许多城堡，其中以三连城最为有名。

在和天神的战斗中，阿修罗失败了，他被赶到大海中和地下，但争斗始终没有停止。在后来相当长的一段时间里，阿修罗不断诞生新的霸主和英雄，并多次把骄傲的天神逼得走投无路。天神和阿修罗的战争史，足以构成壮丽的史诗和天地传说。在波斯神话中，天神的敌人的力量是如此强大，地位这样崇高，其中又出现了这么多的俊杰和枭雄，这是任何其他神话中都从来没有过的。结果，天神几乎每次都只能通过欺骗或借助三大神的力量来打败阿修罗。不过，随着岁

月的流逝，阿修罗的地位逐渐下降，到了黑天的时代，尽管阿修罗还在大地上横行，但已失去了过去征服天地的霸气，沦落为地方恶霸之流的角色。

在印度神话故事《搅乳海》中，详细地记载了阿修罗与天神之间产生矛盾的原因。当时，天神寿命虽然比人类长，但也不是长生不老。为了永葆青春，天神达成了共识，愿与阿修罗合作搅动乳海，以寻取让他们长生不死的甘露，然后平均分配。他们计划用蛇王瓦苏基做绳子，用高峻挺拔的曼多罗山当搅棒，去搅动乳海。天神和阿修罗想把曼多罗山拔起来，经过努力却没有成功，因此他们求助于梵天和毗湿奴。两位大神派来了大蛇台沙，在他的帮助下终于把曼多罗山

↓魔神阿修罗

古文明浅读

深远影响亚洲的文明——古印度文明

拔了起来。

接着，在水神伐楼那和龟王的帮助下，他们开始了搅动乳海的行动。阿修罗和天神分别抓住了蛇头和蛇尾，他们轮流拽蛇，一连搅了几个世纪。因为反复搅动，乳海凝成了油脂，可还是没有出现甘露。不久，美丽的幸福女神拉克什米、仙女阿卜娑罗兰跋和酒神苏摩先后在乳海的海面上出现了。接着，又出现了神马乌蔡什罗婆和魔石考斯图跋等宝物。最后，神医檀般陀里手捧甘露从乳海里走了出来。

搅乳海的工作即将结束了，这时海面上出现了可怕的剧毒物质，如果这种毒物大量蒸发，整个宇宙都会遭灭顶之灾。众天神、阿修罗和所有的生灵都吓坏了。在这千钧一发之际，湿婆吞下了这些剧毒，一场浩劫才得以避免。

看到盛着甘露的碗，阿修罗便一拥而上，你争我抢，都想喝下甘露。见到这种混乱局面，大神毗湿奴立即变成了美丽的女人来迷惑阿修罗。阿修罗随即停止了争夺，并把盛甘露的碗交给了化身为美女的毗湿奴。刹那间，美女和甘露全都不见了。在混乱中，以毗湿奴为首的天神早已偷偷地离开，去分享甘露了。为了长生不老的甘露，于是阿修罗和天神爆发了一次又一次残酷的战争。

还有一种传说：在天神和阿修罗

得到甘露后，天神害怕阿修罗享用甘露后变得和自己一样强大，于是毗湿奴就变成美女迷惑阿修罗，而天帝因陀罗却趁机偷走了甘露。等阿修罗发现后，为时已晚。不久，在阿修罗和因陀罗之间就爆发了残酷的战争，因为因陀罗有甘露，便将阿修罗打败了。因此，阿修罗被从天界赶了出去，失去了高贵的地位，永远地打上了魔鬼和邪恶的烙印。

在以后的佛教神话中，阿修罗成了"天龙八部"之一，和天神帝释天（也就是《梨俱吠陀》神话中的因陀罗）一起接受佛的统领。阿修罗是一个恶神，他生性粗暴、倔强、好胜、多疑、忌妒心强。他总认为佛不能一

你知道吗

《奥义书》

奥义书，婆罗门教的经典之一，印度最经典的古老哲学著作，用散文或韵文阐发印度教最古老的吠陀文献的思辨著作。现在已知的奥义书约有108种之多，记载印度教历代导师和圣人的观点，奥义书在很大程度上为后来的印度哲学奠定了基础。在哲学方面，奥义书特别注重实在的性质，关于独一至高存在本体的概念逐渐形成，以知识为求得与之融合为一的途径。

视同仁，认为佛更喜欢天神，因此他就经常带着众恶神与天神决斗。佛让天神有美食却没有美女，让阿修罗有美女却没有美食，佛这样安排本是出于好意，想让他们互通有无来缓和矛盾。可是事与愿违，这样反而更加深了他们之间的矛盾，使他们恶斗不断。他们互相打斗，常常闹得昏天黑地，众神不安。传说当时有一棵树，参天耸立，树上结一种奇异的果子，这棵树长在阿修罗的势力范围内，而果子却被天神享有。阿修罗很不满，于是又和天神发生了争斗。屡战屡败的阿修罗这次也同样没能逃脱厄运，被天神追得东躲西藏，最后躲进了莲藕的丝孔中才得以脱身，因此产生了莲藕中藏着阿修罗的说法。

火神阿耆尼的活动范围要比因陀罗小得多，论能力，他不能呼风唤雨；论气势，他不能震天动地。在《梨俱吠陀》诸神中，他的地位仅次于因陀罗。阿耆尼全身红色，像太阳一样发着光，长着三个头，有七条舌头，长舌向东伸出，象征雅利安人向东挺进的趋势。

火的威力无疑是巨大的，在人类发展史上曾起到过决定性的作用。在人类的生活中，火不但能烘烤食物、驱除黑暗、防寒御冷、恐吓野兽，而且在保护牧群以及烧荒种地等方面的作用也很重要。对崇尚祭祀的雅利安

↑火神阿耆尼

人来说，火的重要性还体现在它是他们与神灵之间联系的纽带。人们在祭祀时通过火向各类神灵献祭，神灵也通过火得到祭品，从而进行赐福。

另外，阿耆尼还负责维护秩序，他与凡人形影不离，凡人也希望他不离左右，就像父母对待子女一样对待自己，和自己生活在一起，照顾自己。因此，阿耆尼是吠陀时代雅利安人的家庭守护神，他与整个部落的守护神因陀罗一起维护着雅利安人的福祉。

在《梨俱吠陀》的众神当中，还有一对神灵，他们的权势和地位都不太高，这就是双马童神（又译阿湿毗尼）。双马童神是一对年轻的孪生兄

弟，他们形影不离，强壮无比，而且聪明机敏。他们最喜欢吃蜂蜜，皮肤也是蜜色的，还把蜜赐予蜜蜂。他们还有一辆快若流星的金色三轮车，由马、鸟（老鹰、天鹅）或牛驾驶着，经常出现在黎明时分，像太阳一样一天就能驶过天空，掠过大地。他们能救苦救难，特别擅长治病，能让盲人重获光明，让残疾人恢复健全，让无奶的母牛产奶，让阉人的妻子生子，还能使沉船获救，老妇得夫。据说，他们曾经治好了一个老人的病，延长了他的寿命，使他返老还童。在他们的帮助下，许多人都获得了健康，也有许多人获得了爱情和幸福的婚姻。后来，佛教借鉴了这一神灵形象，并演变成了我们熟悉的观音菩萨。

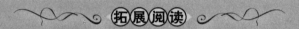

拓展阅读

《吠陀》

　　吠陀是婆罗门教和现代的印度教最重要和最根本的经典，是印度最古老的文献材料，主要文体是赞美诗、祈祷文和咒语，是印度人世代口口相传、长年累月结集而成的，分为四部。《梨俱吠陀》最古，其大部内容在公元前2000年中叶大概已经形成，全部编成大约不晚于公元前1000年初。因此，这段时期通常称为梨俱吠陀时代或早期吠陀时代。《沙摩吠陀》《夜柔吠陀》和《阿达婆吠陀》大体形成于公元前10世纪上半叶，《阿达婆吠陀》则最晚集结完成，这段时期通常称为后期吠陀时代。著作吠陀经的时代被称为印度的吠陀时期，它使用比印度梵语更为古老的语言，被称为吠陀梵语。

古文明浅读

深远影响亚洲的文明——古印度文明

婆罗门众神

早期吠陀诸神身上还带着浓厚的原始社会遗风，其三大主神的出现则开始折射出人间权威的确立，特别是创造、护持和毁灭三大绝对权力的确立，表明人间的国王已需要为自己罩上主宰世界、统治世界的神圣光环。人们的认识也开始从万物有灵的阶段发展到概括抽象的水平，那些风雨雷电、山河鸟兽等具体的自然现象被逐渐淡化，而凌驾于万物之上的力量被神话为天神。但是传统是顽强的，在古代印度，众多的神长期存在，即使是一神教出现之后，多神崇拜仍然深深扎根于人民的精神世界中。

随着时间的推移，特别是在婆罗门教形成之后，众神间原来的平等关系逐渐发生变化，众神原有的秩序被几个原来并不起眼的普通神灵打破了，他们最后成为高踞众神之上的主神，他们就是创造神梵天、毁灭神湿婆和护持神毗湿奴。

关于创造神梵天的由来，说法各不相同，梵天有时被认为是由从漂浮在宇宙洪水上的宇宙金卵中孵化出来的，或者被说成是众神之首、宇宙的构造者和世界的守护者，但也有说他本身是一切人类的始祖上帝比塔廖耶的创造物，甚至还有人说他是从毗湿奴肚脐上生出的莲花中诞生的。

虽然梵天有时被认为是由自我创造的，但当他被看作印度教三神组合之一时，他的角色则成了单一的创造者。他早先的万有之神的身份不是转移到毗湿奴身上，就是转移到湿婆身上。鉴于世界已被创造，另外两位大神守护者和毁灭者便引起人们更大的兴趣，他们"夺走"了原属于梵天的光环，比如，梵天的十种形状就被当作毗湿奴的化身。

从外形上看，梵天被描绘成红皮

古文明浅读

深远影响亚洲的文明——

古印度文明

肤，穿白袍，有四臂，手持《梨俱吠陀》和权杖，或一把匙子，或一串念珠，或一张弓，或一个水罐。他最显著的特征是他的四个头。梵天的坐骑为一只鹅。梵天从他的本体上创造出了一个女伴，他爱上了她，这位美丽又不失文雅的姑娘有许多名字：萨塔鲁帕、莎维德利、萨拉斯瓦蒂、瓦切、伽耶特利和婆罗贺曼尼。她被梵天的炽热目光看得局促不安，便走开躲避他的凝视，但无论她躲到他右边、左边和背后，他都在每个方向长出一个新的头。于是她升上天空，但那里又出现了第五个头注视着她，梵天与这个既是他的女儿又是他的妻子的姑娘结合衍生出人类。

早在印度河流域出土的印章上我们就看到了一位神仙的形象，这位是比梵天和毗湿奴出现还要早的另一位主神湿婆神。他可以说是土生土长的印度神之一。在《梨俱吠陀》中，湿婆是风神之父，叫作楼陀罗。他通体褐色，颈项铁青，头披毛辫，手持弓箭。楼陀罗住在山中，有善恶两重性格，用一千种草药为人兽治病。可他一旦发怒，就会用霹雳伤害人畜草木。

到了后期吠陀时代，湿婆神成为毁灭之神，他多了两只手臂，法力也随之增强。他的额头上长着一只神眼，当他要毁灭什么的时候，这第三只眼就会发出神火，毁灭之火所碰到的一切都会化为灰烬。

和毗湿奴一样，湿婆神也有不同的化身，当他以男性生殖器林伽为形象时，他成为再生之神；当他以赤身裸体、瘦骨嶙峋的形象出现时，他是苦行之神；当他以单脚着地的舞姿形象展示时，他又变成了舞蹈之神。

↑ 舞蹈的湿婆神

毗湿奴在早期吠陀诸神中只是一个很不起眼的神灵，只不过是太阳神下面的一个助手，早上从东方出现，达于天顶，最后在西方落下。

到了吠陀时代的后期，毗湿奴的地位逐渐上升，最后仅次于梵天。他手执法轮、法杖等宝物端坐莲花座上，或卧在七头巨蛇身上。毗湿奴变化多端，不仅有一千个称号，而且也曾多次以不同的化身来到人间拯救世界：毫不起眼的小矮人、持斧罗摩、力大无穷的黑天、战胜魔王夺回妻子的王子、面目慈祥的佛陀、骑白马的神剑英雄伽尔基……这些形象不同的神明都是毗湿奴的化身。不管他以何种形象出现，在他身上我们永远只看到一个主题，那就是守护世界、守护人类。

在婆罗门神话中，人类与死亡的创造者是阎摩。据说，阎摩和他的孪生妹妹阎蜜是最早的男人和女人，他们是旭日维瓦斯瓦特和特瓦什特利的女儿萨兰尤的孩子，是他们缔造了人类。阎摩还是人类的探路者，他是第一个探察那些隐蔽区域的人，发现了那条把死者引导到灭亡的、被称为"祖先之路"的道路。由于发现了这条死亡之路，阎摩成了第一个死者，同时他被尊为死者之王。

最初，死者像阎摩一样不得不沿着这条路走，后来这条"祖先之路"由阿耆尼掌管，因为当死者被焚化时，阿耆尼的火在他们中间区分善与恶。地上遗留的骨灰表示所有的邪恶和缺陷，而死者的皮肤和四肢则完整无损地随火升天而去。在那里，净化的灵魂将与它那被美化的躯体重新结合，并受到那些在阎摩的王国里过着欢乐生活的祖先的欢迎，他们也像神一样光彩焕发，或生翅，或乘车。人们死

后就是在这样一个美好的地方度过的。死者的一切欲望在这里都可以满足，在神的面前，永恒的时间都消耗在寻欢作乐之中。有时神的住处与祖先的住处即阎摩的王国是有区别的，但是通往两个天国的道路都被阿耆尼排除了障碍，它们在尘世的入口是祭火和焚化的柴堆。

并非所有的死者都能居留在阎摩的天国。作为密特罗的一种形象，以及他与伐楼拿的联系，阎摩成了死者的判官。达摩，即真理或正义，是伐楼拿的不可测知的法则。梨多的演变，阎摩根据它来审判进入他的天国的凡人。以前伐楼拿以罪人违反梨多的罪过来约束他们，阎摩则把那些恶人或不信神者消灭或打入称作布特的地方。在祖先之地，伐楼拿与他坐在一棵树下，帮助他执行审判。阎摩像牧人那样吹着笛子，与其他众神共饮苏摩。当死者走近他时，他把苏摩赐给虔诚的信徒饮用，从而使他们不朽。帮助他做这件事的是他的使者——一只鸽子和一只猫头鹰，还有两条四眼的有斑纹的看门狗。在后来的时代，据说他的助手是奇特拉、古普塔，还有其他法庭记录员。

阎摩的天国是一片光明的国土，在那里生活无忧无虑，大自然是美妙的，空中充满了欢声笑语和神圣的音乐。阎摩的集会殿是特瓦什特利用灿

烂的金子建造的，金碧辉煌，不亚于太阳的光芒。在那里，阎摩作为比特利帕蒂（祖先之王），由那些掌管着凡人寿命的侍从们侍奉，仙人和祖先围绕着礼拜，身穿白衣，佩戴金饰。集会殿里充满了悦耳的音乐，香烟缭绕，鲜花绚烂。

阿修罗本来是天神，包括像吠陀时代的伐楼拿那样的重要人物。但是由于因陀罗麾下的雅利安天神提婆称霸，大多数阿修罗被贬为魔鬼，被从天国赶入地狱，通常被认为在海底。虽然他们的身份改变了，但是并不意味着他们的力量也丧失了。印度神话与众不同的特征之一是天神与魔鬼势均力敌，他们不断地在争夺三界的霸权。

阿修罗能随意变成任何形状，他们在魔王甘萨率领下攻击克利希那之时已充分证明了这一点。马妖凯辛就是其中之一，他也是因陀罗的敌手。当凯辛率领阿修罗军队与天神作战时，他向因陀罗掷去一根大棒，接着又掷去一块巨石，他的投掷物都被因陀罗用神奇的雷杵粉碎。因陀罗避开了攻击，打垮了阿修罗。

在印度教神话中，天神并不能总是控制住天国，天神和阿修罗之间的争战在夺取甘露中进行。最初，天神把自己的强壮体魄归功于他们独享甘露，而世人则归功于人类向他们供奉的祭品。魔鬼一直窥伺机会攫取甘露，但天神已因甘露而强壮，能够打败他们。有时天神用计防止他们夺走甘露。对魔鬼来说，特别是在后来的时代，他们修炼苦行，结果可以获得强大的力量，迫使天神尤其是梵天让步。许多魔鬼是极其渊博的神学家，善于以这种方式得到恩赐。但天神通常仍能以十足的骗术，以他们自己苦行的力量，或以秘密的祈祷和类似的办法战胜魔鬼。虽然魔鬼通过苦行获得力量，越来越经常地打败天神，但天神也依靠自己统治宇宙有恃无恐的勇气而经常打败魔鬼。他们的全部力量只有在每个时代之末面临毁灭之际才可以释放出来。

佛教名神

佛教吸取印度古代神话传说和古印度教中关于"天"的种种说法，提出"三界说"。三界，即欲界、色界、无色界，世间一切"有情众生"皆在三界中"轮回"不已。三界中欲界为最低一界，人类社会居此界，地狱、饿鬼、畜生居此界，诸天神亦居此界。不过，天神住在此界天上，天有六重，即"六欲天"，第一重叫"四大王天"，离人世最近，它是四大天王的住处。四大天王恐怕是佛教国家里名气最大的神将，他们在天王殿中享受供奉。

佛经说，四大天王就在著名的须弥山山腰，那里耸立着一座犍陀罗山，此山有四山峰，称须弥四宝山。四宝所成，东面黄金，西面白银，南面琉璃，北面玛瑙。天王各居一山，四大天王的任务是各护一方世界，即佛教所说的须弥山四方的东胜神洲、南赡部洲、西牛贺洲、北俱卢洲。所以四大天王又有"护世四天王"之称。

东方持国天王，名多罗吒，身为白色，穿甲胄，手持琵琶。"多罗吒"是梵文的音译，意译"持国"，意思就是慈悲为怀，保护众生。他是主乐神，故手持琵琶，表明他要用美妙的音乐来使众生皈依佛教。

↓东方持国天王

↑西方广目天王

西方广目天王，名毗留博叉，身白色，穿甲胄，手中缠一龙。"毗留博叉"意译"广目"，即能以净天眼随时观察世界，护持人民。他为群龙领袖，故手持一龙（也有的作赤索），看到有人不信佛教，就用索捉来，迫使其皈依佛教。

北方多闻天王，名毗沙门，身绿色，穿甲胄，右手持宝伞，左手握神鼠，用以制服魔众，保护人民财富。四大天王中最得意者就是北方多闻天王毗沙门。他是四大天王中信徒最多的神，是古印度教的一位天神，又名施财天。在印度古神话中，他既是北方的守护神，又是财富之神，在四大天王中信徒最多。

南方增长天王，名毗琉璃，身青色，穿甲胄，手握宝剑。"毗琉璃"是梵文的音译，意译"增长"。"增长"指能传令众生，增长善根，护持佛法。手持宝剑，为的是保护佛法，不受侵犯。

八部众是佛教八部护法天神，包括天众、龙众、夜叉、乾闼婆、阿修罗、迦楼罗、紧那罗和摩呼罗迦。

天众：天即神，著名的大梵天（原为婆罗门教的创世神）、帝释天（原为雷雨神兼战神）、多闻天、持国天、增长天、广目天、大自在天、吉祥天等，都属于天众。

龙众：梵语称为那迦，是护卫佛法的有功之臣，专司兴云降雨。在佛经里，龙众拥有大量的珠宝，是海里的富豪。

夜叉：是梵文的音译，意译为

↓北方多闻天王

↑ 南方增长天王

"能啖鬼"、"捷疾鬼"、"勇健"、"轻捷"等。佛教中，北方毗沙门天王即率领夜叉八大将，护众生界。在古印度神话中，夜叉是一种半神，有关其来源，说法不一。据《毗湿奴往世书》所述，夜叉与罗刹同时由大梵天的脚掌中生出，双方通常相互敌对。夜叉与罗刹不同，对人类持友善态度，因而被称为"真诚者"。其形象多变且反差极大，有时被描述为美貌健壮的青年，有时又被描述为腹部下垂的侏儒。

乾闼婆：是香神或乐神，原为婆罗门教崇拜的群神，据称是侍奉帝释天专司奏伎乐之神。乾闼婆是佛教中欢乐吉祥的象征，大多被描述为少女形象，体态丰满，飘带飞扬，凌空飘荡，极为优美。在古印度神话中，他们属于半神，熟谙并揭示上天的奥秘和圣理，被视为太阳光焰的化身。传说他们为天神备制苏摩酒，而且他们与苏摩极有渊源。

阿修罗：这种神非常特别，男的极丑陋，女的却极美丽。阿修罗性子暴躁、固执而善妒，他们常常率部和帝释天战斗。因为阿修罗有美女而无美好的食物，帝释天有美食而无美女，互相忌妒抢夺，争斗连连，总是打得天翻地覆。人们常称惨遭轰炸、尸横遍地的大战场为"修罗场"，就是由此而来。大战的结果，阿修罗经常被打败，他们上天入地，无处可逃，于是化身潜入藕的丝孔之中。

迦楼罗：一种大鸟，翅有种种庄严宝色，头上有一个大瘤，是如意珠。此鸟鸣声悲苦，以吃龙为生，它每天要吃一条龙（大毒蛇）及500条小龙。直到临死

↓ 乾闼婆

第四章 宗教与神

↑ 紧那罗

其形象为半人半鸟，生有鹰首、利爪和喙，身躯和四肢则为人形。

紧那罗：在梵语中为"人非人"之意。他的形状和人一样，但头上生一只角，所以称为"人非人"，善于歌舞，是帝释天的乐神。

摩呼罗迦：大蟒神，人身而蛇头。

前，它无法再吃，于是上下翻飞七次，飞到金刚轮山顶上命终。因为它一生以龙为食物，体内积蓄毒气极多，临死时毒发自焚，肉身烧去后留下一颗青琉璃色的心。迦楼罗在古印度神话中是大神毗湿奴的坐骑，为众鸟之王。

你知道吗

玛瑙的形成

大约在一亿年以前，地下岩浆由于地壳的变动而大量喷出，熔岩冷却时，蒸汽和其他气体形成气泡。气泡在岩石冻结时被封起来而形成许多洞孔。很久以后，洞孔浸入含有二氧化硅的溶液凝结成硅胶。含铁岩石的可熔成分进入硅胶，最后二氧化硅结晶为玛瑙。

拓展阅读

苏 摩

苏摩为古印度神话中的酒神，后演变为月神之称谓。"苏摩"原为一种蔓草，取其茎在水中浸泡后以石榨取黄汁，经羊毛筛过滤，再以水稀释，加入牛乳、麦粉搅匀，发酵后酿成苏摩酒。印度神话中常以此酒祭神。在《梨俱吠陀》中称苏摩酒为天神之甘露，可赋予饮用者超自然之力或永生之力。在史诗中，苏摩掌管祭祀、苦行、星座、药草，是该四项的保护神。

佛教的传播者

如今，人们了解、研究中世纪中亚和印度的文明，唐代高僧玄奘所著《大唐西域记》是一本具有重要参考价值的历史资料。

玄奘，俗姓陈，名祎，洛州缑氏（今河南偃师县）人，隋文帝仁寿二年（公元 602 年）出生于一个世代儒学之家，出家后法名玄奘，敬称三藏法师，俗称唐僧。他 13 岁时在洛阳净土寺诵习佛典，后赴首都长安，游历成都、荆州（今湖北江陵）、扬州、苏州、相州（今河南安阳）、赵州（今河北赵县）等地，遍访名师，后复至长安，问学于法常、僧辩两位大师，被称为佛门的"千里驹"。随着学业的日益长进，他的困惑也越来越多，而这些疑惑又非中国佛典和高僧所能解决，于是他下决心去佛教的发源地印度取经求法。他的目的主要是寻求学习佛学，解决南北朝以来中国佛教徒长期争论

不休的佛性问题，即凡人能不能成佛？什么时候成佛？经过什么阶段、通过什么手续才能成佛？

唐太宗贞观元年（公元 627 年），玄奘从长安出发，孤身踏上万里征途，开始了他的西行。他途经秦州（今甘肃天水）、兰州、凉州（今甘肃武威）、瓜州（今甘肃安西），渡玉门关，历 5 天 4 夜滴水不进，艰难地通过了 800 里大沙漠，取道伊吾（今新疆哈密），年底到达高昌（今新疆吐鲁番），受到高昌国王麹文泰的礼遇和赞助。然后他沿天山南麓继续西行，经阿耆尼国（今新疆焉耆）、屈支国（今新疆库车）、跋禄迦国（今新疆阿克苏），翻越凌山（今天山穆素尔岭），沿大清池（今吉尔吉斯斯坦伊塞克湖）西行，来到素叶城（即碎叶城，在今吉尔吉斯斯坦托克马克西南），在这里巧遇西突厥叶护可汗，并得到可汗的帮助。玄

古文明浅读

深远影响亚洲的文明——古印度文明

↑唐代高僧玄奘

当时的印度小国林立，分为东、西、南、北、中五部分，史称五印度或五天竺。玄奘先到北印度，在那里拜访高僧，巡礼佛教圣地，跋涉数千公里，经历十余国，进入恒河流域的中印度。在中印度，历史悠久的摩揭陀国（今印度比哈尔邦）拥有全印度规模最大，历史长达700年，并居印度千万所寺院之首的那烂陀寺。这是当时全印度的文化中心，也是玄奘西行求法的目的地。寺中僧徒常有万人，聚集了精通各项学术的精英，还收藏着佛教大乘、小乘的经典，婆罗门教经典及医药、天文、地理、技术等书籍。玄奘在那烂陀寺留学5年，向寺主持、当时印度佛学权威戒贤法师学习《瑜伽论》等，又研究了寺中收藏的佛教典籍，兼学梵文和印度方言。后玄奘足迹几乎遍及全印度，再返回那烂陀寺，戒贤法师命他为寺内众僧讲解《摄大乘论》等佛典，赢得了极大声誉。

玄奘的学识受到印度僧俗的极大敬重，也引起了许多国王的景仰，其中就有戒日王。戒日王召见玄奘，下令在国都曲女城（今印度卡瑙吉）举行盛大的法会（学术辩论会），命玄奘为论主（主讲人），五印度18国国王、官员及僧人6000人前来与会，大家倾听玄奘的议论，深为他的精辟渊博的知识所折服。玄奘因而获得了"大乘

奘继续前进，经昭武九姓中的石国、康国、米国、曹国、何国、安国、史国（皆在今乌兹别克斯坦境内），翻越中亚史上著名的铁门（今乌兹别克斯坦南部布兹嘎拉山口），到达吐货逻国（即吐火罗，今阿富汗北境），由此又南行，经大雪山（今兴都库什山），来到迦毕试国（今阿富汗贝格拉姆），东行至健驮罗国（今巴基斯坦白沙瓦城），进入了印度。

天"的尊称，名震五天竺。

贞观十七年（公元643年）春，玄奘谢绝了戒日王和那烂陀寺众僧的挽留，携带657部佛经，取道今巴基斯坦北上，经阿富汗，翻越帕米尔高原，沿塔里木盆地南线回国，两年后回到了阔别已久的首都长安。玄奘此行，行程2.5万公里，历时18年，是一次艰难而又伟大的旅行。

唐太宗得知玄奘回国，在洛阳召见了他，并敦促他将在西域、印度的所见所闻撰写成书。于是玄奘口述，由弟子辩机执笔的《大唐西域记》一书于贞观二十年（公元646年）七月完成。

《大唐西域记》分12卷，共10余万字，书前冠以于志宁、敬播两序。全书共记述了玄奘亲身经历的110国和据传闻得知的28国情况，书中对各国的记述繁简不一，通常包括国名、地理形势、幅员广狭、都邑大小、历时计算法、国王、族姓、宫室、农业、物产、货币、食物、衣饰、语言、文字、礼仪、兵刑、风俗、宗教信仰以及佛教圣迹、寺数、僧数、大小乘教的流行情况等内容。全书内容丰富、文字流畅、叙事翔实，再加上执笔人辩机学精内外典，文笔优美简洁，使全书增色不少。

《大唐西域记》记述了从帕米尔高原到咸海之间广大地区的气候、湖泊、地形、土壤、林木、动物等情况。由于世界上流传至今的反映该地区中世纪状况的古文献极少，因此该书成了全世界珍贵的历史遗产，成为这一地区最为全面、系统而又综合的地理记述，是研究中世纪印度、尼泊尔、巴基斯坦、斯里兰卡、孟加拉国、阿富

↑《大唐西域记》

你知道吗

白马寺

河南洛阳白马寺位于河南省洛阳老城以东12千米处，创建于东汉永平十一年（公元68年），为中国第一古刹，是佛教传入中国后兴建的第一座寺院，有中国佛教的"祖庭"和"释源"之称。寺内保存了大量元代夹纻干漆造像，如三世佛、二天将、十八罗汉等，弥足珍贵。1961年，白马寺被中华人民共和国国务院公布为第一批全国重点文物保护单位之一。另外，安徽、青海、江西以及山西等地也有"白马寺"。

古文明浅读

深远影响亚洲的文明——古印度文明

汗、乌兹别克斯坦、吉尔吉斯斯坦等国、克什米尔地区及我国新疆的最为重要的历史地理文献。

对印度某些佛教圣地进行历史考察或考古发掘，唯一的文献指导书就是玄奘的这部著作，印度对那烂陀寺的考古发掘证实了玄奘记载的正确无误。人们如果想了解阿富汗境内吐货逻（吐火罗）故国的地理布局、巴基斯坦境内健驮罗、乌苌地区情况、我国新疆和田文化遗址的分布等，舍此书而无他求。因而阿富汗、巴基斯坦的考古调查与发掘时常以此书为参照。印度的考古工作更是如此，1971—1974 年印度考古学家在北方邦的比普拉瓦重新进行发掘，确认了这是玄奘书中迦毗罗卫的故址。

↓竺法兰像

↑敦煌莫高窟

佛教传入中国，最早的地方当为于阗（今新疆的和田）。于阗位于塔里木盆地南道的中心，为中西交通的要道。据《洛阳伽蓝记》和《大唐西域记》的记载，大约于公元前 1 世纪中叶，已有迦湿弥罗的高僧毗卢折那来此传布佛法。佛教最早传入我国中原地区是在西汉末年。据《魏书·释老志》所记，汉哀帝元寿元年（公元前 2 年）有大月氏王使伊存来长安口授佛经。东汉以来，有不少大月氏、安息、印度和康居等国的僧人东来中国传教。相传最早来中国的印度高僧为迦叶摩腾和竺法兰。东汉明帝永平十年（公元 67 年），他们在大月氏受汉使的邀请，同来洛阳，住在白马寺，并在这里编译出《四十二章经》。这是最早的汉译佛经。随着佛教在中国的流传，魏晋以来，中国的僧人赴西方取经者日益增多。至南北朝时期，佛教在中国开始盛行。著名的佛教三大石窟——敦煌、云冈和龙门，就是从这一时期开始开凿的，它们至今仍为世界闻名的佛教雕刻和绘画艺术的宝藏。南北朝时期，中国的僧徒各就所学，建立学派，为隋唐佛教全盛时期的到来做了充分准备。

佛教在中国形成十宗，其中大乘佛教有八宗，小乘佛教有两宗。在这十宗中，对中国民间影响最大的是大乘佛教的净土宗。这是传播最广的一个教派。佛教在中国的传播，扩展了中印两国的文化交流，特别是对中国唯心主义哲学的发展影响极大。

佛教传入中国后，又通过中国于公元 4 世纪后半期开始传入朝鲜半岛。以后于公元 6 世纪中叶，又通过朝鲜传入日本。佛教在朝鲜和日本也很盛行。

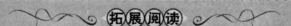

拓展阅读

贞观之治

"贞观之治"是指中国唐朝唐太宗在位期间的清明政治。由于唐太宗能任人廉能，知人善用；广开言路，尊重生命，自我克制，虚心纳谏，重用魏徵等谏臣；并采取了一些以农为本、厉行节约、休养生息、文教复兴、完善科举制度等政策，使得社会出现了安定的局面；当时还大力平定外患，并尊重边疆地区民族的风俗，稳固边疆。因当时年号为"贞观"（627—649 年），故史称"贞观之治"。这是唐朝的第一个治世，同时为后来的开元之治奠定了坚实的社会基础。

　　印度自古以来就是一个笃信宗教的民族。随着多种宗教的盛行，绝大多数哲学流派是以宗教的形式表现出来的。印度的哲学思想非常深刻，但从它与宗教的关系上看，它在形式上并非完全统一。印度哲学早在吠陀文献里即已萌芽。在以后的思想发展过程中，形成了以吠陀为经典、崇奉吠陀的正统派哲学和否认吠陀神圣地位的非正统派哲学。值得指出的是，印度的唯物主义思想很早就产生了。著名的唯物主义学派顺世论对印度哲学的发展产生了深远的影响。

第五章

哲学里的智慧

古文明浅读

深远影响亚洲的文明——古印度文明

古印度哲学的源头

奥义书作为印度古代哲学的源头，不仅婆罗门教的各个哲学流派发源于它，就连佛教、耆那教的哲学也深受它的影响。

奥义书最早出现于公元前6世纪，即吠陀时代的晚期。奥义书不是一本书，而是一批专门阐述婆罗门教宇宙观、人生观和解脱观的哲学经典，现在保存下来的奥义书还有一百多种，其中最重要的有13种：《爱达罗氏奥义书》《歌者奥义书》《由谁奥义书》《广林奥义书》《自在奥义书》《鹧鸪氏奥义书》《伊莎奥义书》《白骡奥义书》《迦塔奥义书》《蛙氏奥义书》《疑问奥义书》《蒙达伽奥义书》和《慈爱奥义书》。这些奥义书所阐述的许多哲学理论后来不仅成为婆罗门教的基本教义，而且被佛教、耆那教和其他思想流派吸收，成为古代印度哲学的重要源头之一。

婆罗门教的宗教思想集中在《吠陀》以及对其解释的《梵书》奥义书中。《吠陀》和《梵书》多为教义、祭仪等方面的记载和解说，主要是宗教内容。奥义书则不同，它对宗教教义的解释已具有明显的哲学思辨内容。

在《吠陀》中，梵天是超自然的神，是宇宙万物的创造者。梵天神的这

你知道吗

巫 术

古代施术者女称巫，男称觋。巫术是通过一定的仪式表演，利用和操纵某种超人的力量来影响人类生活或自然界的事件，以满足一定的目的。巫术的仪式表演常常采取象征性的歌舞形式，并使用某种被认为赋有巫术魔力的实物和咒语。

些特点，在奥义书中也有表现，但其论述更为深入。它指出，梵天作为创造主，其本身应是没有任何特性的，不表现为任何形式。否则，它不可能作为造物主，产生出特性不一、形式各样的万物。但无特性的梵天又是可以认识的。奥义书以否定的方式作了说明，它认为只有否定一切具体特性和性质，才能认识梵天。这种认识从感觉经验上是无法得到的，只有从心灵（理性）上作出思考，才能最终领悟梵的存在。奥义书所谓造物主梵天，已有明显抽象的特点，在论证上也有思辨的意味。

奥义书一方面把梵视为宇宙的本体、万物的根源，另一方面又把它描绘成无限美好的极乐福境，是人生追求的终极目标。一个人只有明白"梵我同一"的道理，通过修炼去克服私欲，把"我"从肉体的束缚中解放出来，还原于梵，这样人的灵魂才可以得到解脱，达到极乐境界。

奥义书认为人体生命的灵魂是不生不灭的，同时也对个体生命死后灵魂的去向作出合理的解释。就这个问题，它提出了灵魂轮回解脱说。这种说法其实早在《梵书》中就已提到，但奥义书进一步将其理论化。它指出，灵魂在身体死亡后，将投入另一个母胎中转生。灵魂的转世要经历五个阶段：进入月亮，变为雨；雨降大地后变为食物，食物被吃后变为精子；精子进入母胎形成新的生命。这种"业报轮回"的思想不仅影响到亚洲，而且几乎影响到全世界。

奥义书中除"梵我同一说"与"业报轮回说"之外，还提出了"精神解脱说"与"智慧瑜伽说"，要求人们

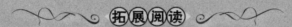

抽象思维

抽象思维是人们在认识活动中运用概念、判断、推理等思维形式，对客观现实进行间接的、概括的反映的过程，属于理性认识阶段。抽象思维凭借科学的抽象概念对事物的本质和客观世界发展的过程进行反映，使人们通过认识活动获得远远超出靠感觉器官直接感知的知识。科学的抽象是在概念中反映自然界或社会物质过程的内在本质的思想，它是在对事物的本质属性进行分析、综合、比较的基础上，抽取事物的本质属性，撇开其非本质属性，使认识从感性的具体进入抽象的规定，形成概念。

通过各种修炼，使个人的灵魂和宇宙的灵魂结合化一，从而实现灵魂的解脱。

总之，奥义书已经从吠陀本集和梵书的神话传说以及巫术咒语中走出来，从神话的形象思维走向哲学的抽象思维，用逻辑的方式来探讨人的本质、宇宙本质、人与自然的关系、肉体与灵魂的关系等重大哲学问题。它所提出的各类学说，不仅直接影响了婆罗门教的各派哲学，而且对佛教、耆那教等其他哲学流派都产生了深远的影响。

婆罗门教六派哲学

公元前 6 世纪，婆罗门教为了应对新兴的佛教、耆那教的攻击，巩固自己的统治地位，对教义作了许多新的拓展。大约公元前 3 世纪以后，婆罗门教的六派哲学开始相继产生，经过上百年的发展和完善，逐步建立了独立而完整的体系。其六派哲学分别是胜论、正理论、弥曼差论、数论、吠檀多论和瑜伽论。

胜论派与正理论派

胜论哲学是印度古代最有代表性的唯物论学说。胜论出现于公元前 2 世纪，创始人为迦那陀。主要经典是《胜论经》，此书定型较晚，约在公元 2 世纪左右。该派研究的重点是世界各种现象的差异和特殊性。胜论哲学的特色在于它的原子论和六句义说，从

逻辑上对极微的存在作了较深入的推论。他们认为，世界上的一切都是由极微组成的，极微是包含在空、时、方中的地火水风中的微粒，彼此相异，常住不变，但由这些极微组成的万物则是变化无常的。他们认为灵魂是一种独立于物质实体之外的实体。

正理论派以认识论和逻辑学为主要宗旨，把人的认识分为"确切的认识"和"非确切的认识"两种。"确切的认识"分为四种：现量（知觉）、比量（推理）、比喻量（类比）和证言。"非确切的认识"分为错误、疑惑、记忆和假设的论证。正理论对哲学的最突出贡献是它对逻辑学的研究。经过长期的研究和探索，他们建立了一个"五支论法"的逻辑推理方法。这种方法分为五个步骤：宗（命题）、因（理由）、喻（例证，有正例和反例两种）、合（应用）、结（结论）。"五支论法"

足以同古希腊亚里士多德提出的"三段论式"推理方法相媲美。

胜论派与正理派关系十分密切，常合称为胜论—正理论。这两派最突出的哲学观点是"极微"说，即古代印度的原子论，极微说在列国时代颇为盛行。六师中的阿夷主张地火水风四大说，地火水风苦乐及命的七要素说。耆那教派也提出极微说。所以有些学者认为胜论—正理派的极微学说是在六大师唯物思想的影响下发展起来的。耆那教派甚至把此派看作是它的一个支流。

胜论派与正理派均主张极微说，两者的主要区别是，后者注重对构成世界的极微作哲学上的说明，而正理派则注重研究逻辑学对认识论的作用。

认识分为六种：现量（知觉）、比量（推理）、圣言量（证言）、譬喻量（类比）、义准量（推定）、无体量（非存在）。他们认为世界不依靠任何神力而永恒存在，万物的生灭是由于极微（原子）变化的结果。弥曼差派虽然承认神的存在，但他们认为只有通过祭祀和祈祷才能产生一种左右神的力量，使之赐福人间。他们称这种力量为"无前"，即在祭祀之前没有神力显现。祭祀是人力，没有它就没有神力，这种观点至少是降低了神的作用，或者说已经具有无神论思想的萌芽。

弥曼差论由于过分强调祭祀在解脱中的作用，所以随着人们对烦琐祭祀的厌恶和反对，该派的影响力也逐渐减小。

弥曼差派

弥曼差派是六派中的一派。《弥曼差经》是一部格言集，传说为阇弥尼所作，是六派经书中最早的一部，编成年代大约在公元前200年至公元200年之间。这派哲学的起源比成书年代早得多。现存的最早的《弥曼差经》注释是夏伯拉作的。

该派哲学的重点是对吠陀祭祀的方法和意义的"审查考究"，并把它当作是人生的根本目的，但他们的自然观已有了一些唯物主义的因素。他们把人的

数论派

数论派（或称僧佉派）学说的出现很早，其影响也很广泛。有的学者说，在奥义书时代已经发端，有的说在《摩诃婆罗多》史诗触及哲学论题时已浸透了数论的学说。但此派经书的编书年代较晚，属公元后的事。传说这派哲学的初祖为迦毗罗。

数论派否认梵与天帝的存在，主张"因中有果论"。所谓因中有果，就是说世界上一切事物的原因已经具有结果，结果伏于原因之中，即所谓

"随因有果故，故说有果因"。既然世界是物质的，其原因必然也是物质的。这种物质称为"自性"或"神我"，即"原始物质"。"原始物质"精细不可见，故又称为"未显"。

数论派哲学还否认灵魂可以脱离肉体而独立存在，他们认为灵魂也是物质产生的，世界除物质外再没有别的什么东西。因此，早期数论具有唯物主义和无神论的倾向。在以后的发展过程中，"神我"与"原始物质"形成彼此并列的关系，前者是主体，后者是认识的客体，这就把数论引向二元论的体系。数论的社会观同佛教类似，也把人生看成是多苦的。他们把人生之苦归结为三类：依内苦，包括生理的苦（风、热、痰）和心理的苦（欲、怒、贪、爱、惧、嫉、忧、无知）两种；依外苦，包括人、兽、毒蛇、山崩和岸圻所造成的苦；依天苦，包括寒暑、风雨和雷电所造成的苦。要灭这些苦，数论主张智慧解脱，即以所谓独存之智为解脱之因。由此看来，早期数论虽名为正统哲学，实际上在许多方面同沙门思潮接近。但从数论的发展来看，最后又由二元论发展为唯心主义一元论的宗教学说。

吠檀多派

吠檀多派是最彻底的婆罗门教的宗

教哲学，它的基本著作是《梵经》，相传是跋陀罗衍那所作（约公元1世纪）。吠檀多派认为"梵"为最高的存在，世间万物都是"梵"的一种"幻现"，人生的最高境界是达到"梵我合一"。

公元7—8世纪，印度哲学大师商羯罗从哲学角度对吠陀经典进行了新的诠释，认为存在的唯一实体是"梵"，它是唯一不生不灭、无所不在，具有无穷创造力的宇宙精神。而现实的大千世界却是不实在的，仅是一种幻想而已。人们称商羯罗的这一学说为"不二论"，它为印度教的基本教义奠定了理论基础。12—13世纪，另一位著名哲学家罗摩奴阇（1175—1250）对吠檀多的"不二论"哲学进行了修正。他认为物质世界、人的灵魂以及神都是实在的，三者构成一个统一体，只不过物质和灵魂都服从于神。而神以物质、时间和灵魂创造了世界。此外，他还主张理解神并不需要对典籍的广泛了解，重要的是对毗湿奴神的真诚信仰。罗摩奴阇的修正理论使印度教信仰更为通俗化，极大地推动了毗湿奴教派和虔诚派的发展。

由于商羯罗对吠檀多哲学的进一步改革和创新，把它提升到一个更高的水平，使它成为印度教社会中占主导地位的思想体系。因此，在婆罗门教六派正统哲学中，吠檀多论派对印度思想的影响是最大的，它是印度最重要的哲学派别之一。

古文明浅读

深远影响亚洲的文明——古印度文明

瑜伽派

瑜伽派与数论关系密切，几乎不可分开，常并提称为"数论瑜伽"。数论是瑜伽的理论基础，瑜伽则是数论的修行方法。瑜伽源于古印度，意指一体化。这是一种将修持者个体与宇宙至上本体联结起来，将修持者小我与宇宙大我融合为一，即所谓人天合一的方法。

瑜伽在古印度源远流长，早在佛教创立之前就已相当发达。据传在7000年前，瑜伽便盛行于喜马拉雅山地区。公元前3000年到前1500年之间，居住在高加索北方的雅利安人入侵印度，在印度河上游的旁遮普省定居，发展出独特的雅利安文化，成为印度文明的主流。雅利安人在古印度留下最古老的文献《梨俱吠陀》，其后在公元前1000年到公元前500年之间，又留下《娑摩吠陀》《夜柔吠陀》和《阿闼婆吠陀》等经典，形成了古印度的吠陀时期。这些经典不但成为印度宗教哲学和文学的基础，而且对密宗瑜伽的影响甚大。吠陀经典中包含了各种奥义书，对瑜伽的理论和方法作出较为成熟和精要的解释，是古瑜伽理论与实践互相参证的法典。

瑜伽种类较多，当今最流行者为哈达瑜伽、军荼利瑜伽和胜王瑜伽等。哈达瑜伽是瑜伽体位的锻炼方法。军荼利瑜伽法要求修持者通过对身体气脉七轮的锻炼，唤醒正睡眠于海底轮之拙火，贯穿六轮至头顶，与顶轮的"大自在"结合，实现天人合一。胜王瑜伽法要求修持者采取八个步骤，进行外在、内在、呼吸、感官的控制，进入三摩地（人定），达到个体与宇宙本体合一。

瑜伽的最高目标与境界就是个体

你知道吗

宿命论

宿命论是早已有之的一种世界观，最早源自美索不达米亚、埃及等东方文化中的一派思潮。当时的人类感受冥冥中苍天与人世的变化，而觉得其中有一些必然的定数。此一思想传到希腊后，成为希腊哲学中的一支，之后再由雅利安人带到印度，加上印度原本就有的吠陀文化中对命定现象的探讨，而成为印度思潮中重要的一派哲学，即今日我们所言的宿命论。宿命论最主要的学说，即是认为在人类诸多的神秘变化的命运现象中存有一些定数，而这些也可称为必然法则的定数，即是组合世间诸法相的基本力量。

与宇宙本体的合一，只有通过静坐、观想与禅定才能达到。所以印度《薄伽梵歌》中最高的箴言说："宁静即是瑜伽。"印度帕坦加利所著《瑜伽经》一书中亦有箴言说："瑜伽，即是以意识控制各种情绪及倾向。"很多人不了解瑜伽乃天人合一之术，误认为瑜伽只有哈达瑜伽一种，只修习体位法、呼吸控制法、清洁净化法等。其实哈达瑜伽只是让学者做好准备，使他们能接着修炼胜王瑜伽。因为哈达瑜伽只是胜王瑜伽的一环，没有胜王瑜伽的修炼，哈达瑜伽无法达到天人合一的完美之境；若没有哈达瑜伽的锻炼，胜王瑜伽亦只是空中楼阁。瑜伽的修炼应循序渐进，从一个层面超越另一层面，哈达瑜伽只是一个最低的层面，主要是属于健身运动的层面。如今，许多人被社会上流行的所谓"健康瑜伽"、"美容瑜伽"的概念所吸引而修习瑜伽。

古印度另外一个比较重要的哲学学派是主张彻底宿命论的阿什斐迦派，或称为"邪命外道"，其代表人物是末伽黎·拘舍罗。该派认为整个世界都是按既定程序安排好的，在这个既定的世界上，每一个生命单子都必须反复再生，从基本分子开始逐步地经过地质的、生物的、动物的储存阶段，然后又以人的形态出现；每个生命单子在各个阶段再生的次数、时间与进度也都是既定的，各生命单子在反复再生过程中的相互关系也有严格的规定。人的意志和行为不论是善是恶，都影响不了整个既定的过程，修行并不能加快解脱的进程，作恶也不能起到延缓的作用。人生历程不由自己定，也不由他人定，而是由宿命决定。这种彻底的宿命论一方面否定了各种宗教善恶有报的说教，另一方面也否定了人的能动作用，使人安于无所作为。

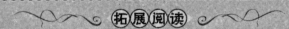

数 论

数论就是指研究整数性质的一门理论。整数的基本元素是素数，所以数论的本质是对素数性质的研究。2000 年前，欧几里得证明了有无穷个素数。寻找一个表示所有素数的素数通项公式，或者叫素数普遍公式，是古典数论最主要的问题之一。它是和平面几何学同样历史悠久的学科，高斯誉之为"数学中的皇冠"。按照研究方法的难易程度来看，数论大致上可以分为初等数论（古典数论）和高等数论（近代数论）。

第五章 哲学里的智慧

耆那教哲学

古文明浅读

深远影响亚洲的文明——古印度文明

耆那教是印度古老的宗教之一，它的建立者是筏驮摩那。

耆那教提出的"九谛"中的"命"和"非命"，包含物质和精神两类东西。耆那教认为世界万物的基础是物质和精神两类东西，而且在认识上已达到了一定的深度。他们指出，物质最小的成分是不可分割的极微，而不是简单地归于地、火、水、风等因素，他们注意到了时间、空间、运动与静止的关系及其在事物形成中的作用。

耆那教主张世界是由多种元素构成的，这些元素大体上分成灵魂的和非灵魂的两种。非灵魂的元素又可分成物质和不定形物质两种，前者由原子复合构成；后者由四种元素构成，即运动的条件（法）、静止的条件（非法）和时间、空间，这是一种多元论的实在论。

耆那教讨论了认识论方面的问题。他们把人的知识分为五类，即通过感观获得的知识，借助符号和语言获得的知识，直接获得对时空中极为遥远事物的认识，对他人精神活动的直接认识，对一切事物及其变化的最完美的认识。耆那教认为，前两类知识是通过感观获得的，后三类则是不通过感观而直接获得的。人们对前两类知识的认识加入了中间环节（感观），因此是不可靠的。只有不通过感观而直接获得的知识才是可信的。耆那教的认识论具有贬低感觉经验的特点。

耆那教认为世间的事物复杂多变，要作出全面的认识唯有圣哲才能做到，而普通人仅能从某种特定的角度认识事物，获得事物某方面的知识。这种认识方式称之为"论法"。耆那教把"论法"分为"七支"（七种形式），即存在、不存在、存在又不存在、不可描述、存在并不可描述、不存在并不可描述、存在又不存在并不可描述。他们指出，为正确表述一个判断，应在其前加上"就某方面而言"之语，以表示判断的相对性。耆那教的"七支论法"注意事物的多样性及变化的特点，含有一些辩证法的因素，但它强调普通人不可能对事物作出全面的认识，似乎又有一些不可知论的色彩。

从文明发展史的角度看，耆那教的这种逻辑判断理论对古代印度逻辑思想的发展是有重要贡献的。因为它打破了婆罗门教经典——奥义书中所宣扬的那种"一切皆一"或"一切皆梵"的逻辑观，提出了多种逻辑判断形式，促进了印度逻辑学的发展。它包含了许多辩证法因素：肯定世界上的事物是发展变化的，是多样性的；人们的认识往往是有限的、相对的，都是受时间、地点和条件限制的；承认人对事物认识的相对性，而否定其绝对性等。

在社会伦理思想方面，耆那教主张苦行（包括非暴力）、业报轮回和解脱。

拓展阅读

逻 辑

逻辑是在形象思维和直觉顿悟思维基础上对客观世界的进一步的抽象。所谓抽象，是认识客观世界时舍弃个别的、非本质的属性，抽出共同的、本质的属性的过程，是形成概念的必要手段。从狭义来讲，逻辑就是指形式逻辑或抽象逻辑，是指人的抽象思维的逻辑；广义来讲，逻辑还包括具象逻辑，即人的整体思维的逻辑。随着对称逻辑学的建立，人的整体思维规律被发现，狭义的逻辑将被扬弃，逻辑将单指广义的逻辑。

古文明浅读

深远影响亚洲的文明——古印度文明

佛教哲学

佛教哲学是佛教思想的精华，亦是佛教文明的代表。印度佛教发展的各个历史时期都有自己独特的哲学思想与学说。从整体上看，影响最大、最能代表印度佛教哲学的有三种学说，分别是释迦牟尼的初期佛教学说、龙树的大乘中观派学说、无著和世亲的大乘瑜伽行派学说。

原始佛教在说教中提出了一套哲学理论，那就是四谛十二因缘说。他们认为，世界上的各种现象都依赖于一定的条件（因缘）而存在，离开了这些条件就无所谓存在。所谓十二因缘，就是从无明到生死的十二个环节，这些环节彼此互为因果条件。

释迦牟尼创立佛教的目的，就是要解决人生的痛苦问题，力图把人们从生活的苦难中解救出来。因此，他的哲学是以探讨人生问题为主要宗旨的，即讨论人为什么活着、如何活着、

人生命运、道德行为等问题。当然，在讨论人生问题的同时，他不可能不涉及宇宙方面的问题，如万物的起源、世界的形态等。所以释迦牟尼的哲学是以讨论人生为主，也包括宇宙起源、世界形态等方面的问题，其主要内容有谛说、缘起说、五蕴说、诸法无我说等。

三界唯心

"三界唯心"谓欲、色、无色等三界中，一切诸法皆由一心所变现，又名"三界唯一心"、"三界一心"等。旧译《华严经》卷二十五《十地品》云："三界虚妄，但是心作。十二缘分，是皆依心。"

佛教在中世纪由小乘佛教转为大乘佛教，分成了两个主要教派，即中观派和瑜伽行派。

龙树是中观派理论的创始人，亦是大乘佛教哲学最有代表性的人物。他的著作和思想不仅对印度佛教，而且对世界佛教的发展都产生了深刻的影响。中国、朝鲜和日本的许多佛教派别都曾受到龙树思想的影响。龙树的主要理论有：缘起性空说、八不说和二谛中观说。他认为，任何事物以及人们的思想，甚至包括佛陀本人都是一种相互对立又相互依存的关系（因缘），是一种假借的概念或名相（假名），它们本身并不存在实体性或自性，只有摒弃了执着这种"名相"的偏见，才能达到真理或空的境界。

瑜伽行派由于强调瑜伽修行的重要性而得此名。该派的出现比中观派要晚一些，其学说大约在公元4—5世纪成为佛教的主流思想，那时正是印度笈多王朝的兴盛时期。无著和世亲是瑜伽行派理论的奠基人。瑜伽行派是一种彻底的唯心主义学说，其主要内容有"万法唯识"说、三行说等。在他们看来，"空"和"有"（对现象世界的认识）应该相结合，世间的任何现象都是由人们的精神总体或作用——"识"演变而来的，也就是"万法唯识"、"三界唯心"。瑜伽行派的思想不仅对印度，而且对世界佛教的发展都有很大的影响。

拓展阅读

五 蕴

"五蕴"包含了色、受、想、行、识这五类的法，各个合为一集，都是因缘和合的，它们相续不断地生灭。故五蕴的意思是五种不同的聚合。五蕴也被翻译为"五众"或"五阴"。"五众"是五种众多的法聚合在一起；"五阴"是五种法遮盖住人们的智慧之意。

第五章 哲学里的智慧

顺世论派

顺世论是古印度最著名的唯物主义哲学流派。顺世论派梵语称"路伽耶陀"，意为流行于群众中的观点，故汉译佛经称其为"顺世外道"或"世间行"。传说其创始人为毗河拔提，至列国时代则日渐活跃，终于成为人民群众中最受欢迎的哲学流派。列国时代，顺世论派的主要代表是阿耆多·翅舍钦婆罗，其说包含唯物主义观点。

该派认为物质是世界的基础，世界由地、火、水、风四大物质元素构成，生命产生于物质，人死后还归这"四大"，感性知识是认识的源泉。他们否认吠陀之类圣书的权威，亦不承认有脱离肉体的灵魂。因此他们坚决反对婆罗门教宣传的灵魂不死、轮回转世说以及杀生祭祖等烦琐的礼仪，称所有吠陀作者皆属伪善狡猾的骗子，

拓展阅读

唯物主义

唯物论主义是一种哲学思想。这种哲学思想认为在意识与物质之间，物质决定意识，意识是客观世界在人脑中的反映，也就是说"物质第一性、精神第二性，世界的本原是物质，精神是物质的产物和反映"。唯物主义有机械唯物主义和辩证唯物主义的区别，机械唯物主义认为物质世界是由各个个体组成的，如同各种机械零件组成一个大机器，不会变化；辩证唯物主义认为物质世界永远处于运动与变化之中，是互相影响、互相关联的。机械唯物论的代表人物是费尔巴哈，辩证唯物论的代表是马克思、恩格斯和列宁。

祭祀礼仪则是贪婪的婆罗门发财致富的手段。他们也反对其他宗教流行的禁欲苦修之说，认为这只能使受苦人益增其苦而永远与快乐绝缘。他们更激烈地批评种姓制度，认为人生而平等，婆罗门与最下层的贱民血管的血都是红的，人的本质绝无高低贵贱之分。对于社会问题，顺世论宣扬种姓平等，反对祭祀和业报等。

顺世论在认识论方面十分重视人的感觉作用。他们认为"唯有（可）知觉之物存在，不可知觉之物不存在，因为它从未被感知过"，甚至相信"人们也从不说不可见物被感知"。也就是说，只有被感知的事物才是真实的存在。他们认为除感知外，人们也通过间接的或推理的途径获得知识，但是从后两种途径获得的知识是不真实的。因为间接知识经过了中间环节，而经过中间环节就有不可信的因素混杂进来；推理所依据的则是不能感知的事物之间的关系。虽然某些推理可能成为事实，但那只是偶然的，没有确定性。

顺世论派的观点反映了下层人民群众的利益和要求，因此受到残酷的迫害，也为婆罗门等宗教派别视为异端邪说，在统治阶级的文化中难以生存。顺世论派的作品全部被毁灭，现在所知的片断也是从佛教文献的反对派作品中作为批判对象而被援引的，当然不免受到歪曲篡改。

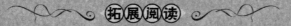

推　理

推理是由一个或几个已知的判断（前提）推导出一个未知的结论的思维过程，是形式逻辑，是研究人们思维形式及其规律和一些简单的逻辑方法的科学。其作用是从已知的知识得到未知的知识，特别可以得到不可能通过感觉经验掌握的未知知识。推理主要有演绎推理和归纳推理。演绎推理是从一般规律出发，运用逻辑证明或数学运算，得出特殊事实应遵循的规律，即从一般到特殊。归纳推理就是从许多个别的事物中概括出一般性概念、原则或结论，即从特殊到一般。

　　印度艺术的发展始终与宗教神灵息息相关，其艺术的发展脉络无不折射出宗教的演变轨迹。印度大量遗存的艺术作品具有独特的视觉冲击力，激发人们去深入探索它们隐藏的宗教信仰和哲学观念，又带领人们穿越时空，去了解、领略久远年代的灿烂文明。

第六章

独特的艺术之花

文学之花

古文明浅读

深远影响亚洲的文明——古印度文明

在四大文明古国中，古印度文明有一处明显不同于其他文明：古印度人注重历史和文学的口耳相传，而非文字记载；现存的作品既是重要的宗教文献，更是不朽的文学作品。古代印度文学内容丰富，形式多样，有宗教文学、世俗长篇史诗、戏剧，等等。古印度文学的表现手法达到了相当高的水平。从古老的《吠陀本集》、最长的历史传说《摩诃婆罗多》到英雄史诗《罗摩衍那》，古印度文学在世界文学史上光彩夺目。这些文学巨著以一种诗歌形式的韵律格式出现，易于记忆和传诵，至今仍在印度广为流传。

吠陀文学是印度最早的文学，属宗教文学，其代表性作品是婆罗门教《吠陀本集》的《梨俱吠陀》和《阿闼婆吠陀》。

《梨俱吠陀》是古印度宗教经典《吠陀本集》的四部作品之一，是印度最古老的经典，也是现存世界上最古老的诗歌集之一。它的成书时间大致在公元前 1500 年到前 1200 年间，比希腊的《荷马史诗》还早几百年。《梨俱吠陀》共收录不同时期不同作者的颂歌或神曲 1028 首，分为 10 卷，作者都是世袭的婆罗门祭司。在公元 7 世纪前，古印度还没有文字记事，10 卷神曲完全靠祭司们的记忆和口授，一代一代口耳相传，到后世才记载下来。

《梨俱吠陀》所反映的是雅利安人征服自然、征服异族，以及关于他们的社会生活和思想形态的真实历史。雅利安人是一个游牧部族，在征服印度前后处在氏族公社向奴隶制过渡时期。当时，不可抗拒的自然现象使他们感到自己的渺小，于是将自然现象人格化，并向它们顶礼膜拜，渴望得到它们的赐福。主持这种膜拜的祭司们将宇宙分为三界：天界、空界和地界，每一界有 11 个神，三界共 33 个神。在《梨俱吠陀》中，作者为这些神仙们写下了许多赞美诗。在诸神中，因陀罗、阿耆尼和苏摩三位神的地位最高，歌颂他们的篇幅也最多。

因陀罗是战神、雷神，雅利安人把他奉为最高神。《梨俱吠陀》中约 250 首诗是颂扬他的。在诗中，因陀罗被描绘为身材高大，皮肤和须发为金色。他手持金刚杵，行走时发出雷鸣般的声音，激起的狂风震撼天地，具有巨大的威力。他固定摇晃的大地，稳住颠簸的群山，伸出巨手拓宽天空。他驱逐达萨，杀死河中的巨妖，用神威保护雅利安人的利益。

阿耆尼的地位仅次于因陀罗，赞颂他的诗有 200 余首。阿耆尼是祭火人格化的神，他须发鲜红，尖下巴，满口金牙闪闪发光，口中喷出的火焰像咆哮的波涛，浓烟滚滚直冲天空，声音像天国的雷鸣。在雅利安人心目中，阿耆尼是维护他们家庭利益的神。诗中说，他请诸神来到雅利安人的家中，消灭雅利安人的敌人，带给他们无穷的财富，使他们的家族英雄辈出，声名远扬。

苏摩是酒神，是一种名叫苏摩的植物人格化的神。这种植物具有使人兴奋的作用。赞颂它的诗说，发出香味的苏摩能医治百病，不仅凡人，就连天上的诸神也饮用它来强身健体。

雅利安人饮用苏摩酒后精力充沛，在战场上所向披靡。诗中的苏摩神往往以武士的形象出现，手持弯弓，射杀敌人。

除歌颂神灵外，《梨俱吠陀》也有一些赞美大自然景色的诗句，它们往往也被赋予人性化的特点。在诗中，太阳被比喻为在天空中奔跑的白马、公牛，它用火焰般的光亮照亮天地，驱散黑暗，迫使繁星像窃贼一样逃散。还有一些诗句反映了社会劳动的情况，比如，描写农民"系紧犁头架上轭，播撒种子在犁沟，倘若颂歌获应验，挥动镰刀迎丰收"，形象地再现了古印度人民劳作的全过程。

《梨俱吠陀》赞颂诸神和大自然的景色，大多采用比喻和夸张的艺术手法，直率地表达了作者惊奇、赞叹、敬畏的心情，反映出作者对自然界和社会现象已有一定的审美眼光和描绘能力。《梨俱吠陀》中还包含有婚礼、送葬、娱乐、爱情、巫术等方面的内容，反映了雅利安人社会生活的方方面面，记录了古印度最早的社会制度、民情风俗、哲学思想和天文地理。因此，它可以说是古印度最早的百科全书。

《阿闼婆吠陀》是一部巫术咒语诗集，分 20 卷，731 首诗，5975 节，成书的时间晚于《梨俱吠陀》。与《梨俱吠陀》不同，《阿闼婆吠陀》对诸神的

古文明浅读
深远影响亚洲的文明——古印度文明

态度不是赞颂、乞求，而是命令和劝说，这在一定程度上反映了雅利安人企图征服自然的愿望。《阿闼婆吠陀》的巫术诗包括防病治病、求得长生、生育子女、求取丰产和战争胜利等诸方面的内容。

《阿闼婆吠陀》中关于防病治病的诗篇，一般都是要疾病远离病者身躯的咒语。比如一首诗说，咳嗽"像磨尖了的箭，迅速飞向远方。咳嗽啊，远远飞去吧，在这广阔的地面上"。与生育子女有关的诗篇则带有美好的祝愿之意，比如："像大地孕育一切萌芽，愿你的胎儿保住，妊娠期满后生下！像大地维持森林树木，愿你的胎儿保住，妊娠期满后生下！像大地维持着崇山峻岭，愿你的胎儿保住，妊娠期满后生下。"求取丰产的诗歌多与自然现象相联系，其中一首诗说："咆哮吧，雷电，让大海翻腾！雨云啊，降下乳水，滋润大地！请你倾泻，送来充足的雨水……百条、千条溪流的源泉，取之不尽，我们这千垅地，也这样取之不尽！"

这类诗歌体的咒语也用于军事，其中一首要战鼓发挥作用的咒语这样说："森林中的野兽，看到人就发抖。鼓啊，要使敌人的心恐慌，使他们的心没主张，像飞鸟见老鹰就发抖，像狮子昼夜都怒吼。鼓啊！要使敌人的心恐慌，使他们的心没主张。"这类咒语对鼓舞战士的士气能起到很大的作用。

《阿闼婆吠陀》中颂神的诗与巫术结合在一起，所以神的作用一般不表现为对自然和人类社会的控制，而是帮助人类降伏妖魔或敌人。

在艺术特点上，《阿闼婆吠陀》采用夸张、比喻等手法，词语铿锵有力。这两者相结合，形成了巫术诗歌特有的魅力。

印度的两大史诗《摩诃婆罗多》和《罗摩衍那》是闻名于世界的文学作品。这两首史诗内容庞大，情节生动复杂，艺术手法高超，在印度文学史上有着十分重要的地位。这两部史诗的篇幅之长，在其他民族的史诗中是非常罕见的。两大史诗成书以后，对印度社会产生了巨大的影响，也成了印度教教义的核心。

《摩诃婆罗多》共18篇，长10万颂（每颂两行诗，每行16音），成书时间约在公元前4世纪至公元4世纪之间。《摩诃婆罗多》的书名意为"伟大的婆罗族的故事"，主线故事讲婆罗多族两大后裔俱卢族和般度族争夺王位继承权的斗争，内容涉及列国时代政治、经济和文化等诸多方面的内容，被视为一部"百科全书"式的史诗。一位印度学者甚至把它称为"亚洲到现在为止所产生的最伟大的想象作品"。

《摩诃婆罗多》的作者，据诗中自叙是毗耶婆。他是渔家女贞信嫁给象城福身王之前的私生子。贞信与福身王结婚后，生有一儿名叫奇武。但奇武婚后不久便死去，没有子嗣。于是贞信便找来在森林中修行的毗耶婆，让他与奇武的遗孀结合，生下持国、般度和维杜罗三个儿子后，毗耶婆仍回到森林隐居。持国后来生有百子（俱卢族），般度生了五子（般度族）。持国百子与般度五子之间因王位之争而引发一场争斗，毗耶婆目睹了斗争的全过程，于是创作了史诗《摩诃婆罗多》。

《摩诃婆罗多》是一部集历史、传说与神话故事为一体的巨型史诗，通篇贯穿着爱情与战争的主题，讲述了上千个传奇故事。除了与核心情节有关的许多动人故事外，书中还插入了大约200个相对独立的神话传说、民间故事、譬喻故事以及寓言童话，这些故事像镶嵌在史诗中的颗颗明珠，异彩纷呈。全书的主线故事表现出作者颂扬正义、抨击邪恶势力的思想。全书虽然情节复杂，但基本上都是围绕这两方面来写的，表现出作者较高的艺术表现手法。全书包罗万象而又结构完整，内容庞杂而又形式统一，头绪纷繁而又贯穿了一条主线。从文字艺术的价值看，作品语言质朴而又表述鲜明，说理简单而又寓意深刻，

既有奇特的想象，又有夸张而逼真的描写。总之，史诗所表现出的古印度人非凡的想象力和对文学巨著的驾驭能力令人叹为观止。

在印度文学史上，《摩诃婆罗多》享有很高地位，被印度人奉为圣典，仅次于"吠陀本集"，甚至被称为"第五吠陀"。它所展现的是一幅远古印度社会生活的广阔画面，内容广泛涉及宗教、哲学、历史、政治、伦理、地理、天文、传说、神话、民族、语言、文学等印度学的所有领域。其生动的故事内容，扣人心弦的情节，广阔的社会画面，为后世诗人和剧作家提供了丰富的素材，极大地激发了他们的创作热情。

《罗摩衍那》书名意为"罗摩传"。全书内容以阿阁陀城王子罗摩与妻子悉多悲欢离合的故事为主线，反映了列国时代错综复杂的社会斗争。《罗摩衍那》共7篇，长24 000颂。史诗的中心思想是颂扬善和正义。史诗中的罗摩智勇双全、圣明神武，是一位贤明君主，是印度人自古崇拜的英雄和膜拜的神明。

《罗摩衍那》的主线故事情节生动，扣人心弦的场面迭出。在编纂体例、文学描写手法上，较之《摩诃婆罗多》都有大的提高，因此被誉为"最初的诗"，同时也体现出古代印度文学的创作有了很大的发展。《罗摩衍

那》对后世印度文学与世界文学的影响都是相当深远的，它的创作方法与素材常被后世的作品沿用。

佛教文学是古代印度文学的重要内容之一。佛教文学并不是纯文学作品，而是指佛教典籍中所包含的具有文学特点的传说、故事和寓言等方面的内容。佛教文学作品多采取诗文并用的文体，一般保存在佛典的经藏与律藏中。佛教的典籍有巴利语和梵语经典两大类，因此佛教文学也分为巴利语佛教文学和梵语佛教文学两大部分。巴利语佛教文学的代表作是《佛本生故事》，梵语佛教文学的代表作品《佛陀生平传记集》。

《佛本生故事》是一部宗教寓言故事集，是人类社会最古老的寓言故事集之一，在世界文学史上具有举足轻重的地位，享有很高的声誉。它讲述的是有关佛陀前生的故事。按佛教传说，释迦牟尼成佛前，只是一个菩萨。他积善累德，经历了无数次的转生后，才成为佛。因此，有很多佛本生的故事在民间传颂。《佛本生故事》收集了547个故事，这些故事的结构基本相同，分五部分：今生故事，讲佛陀前生之事发生的地点和缘由；前生故事，讲佛陀前生的事；偈颂，插在故事中的唱诗；注释，解释偈颂的词义；对应，把前生与今生故事的人物作对应的联系。这部故事集的巴利文原本已

亡佚。约公元5世纪时，斯里兰卡一位和尚据古僧加罗文《佛本生故事》的注释本，用巴利文改写成《佛本生义释》，即为现在流行的《佛本生故事》。佛本生故事大致可分为七类：寓言故事、神话故事、报恩故事、魔法故事、笑话故事、道德故事与世俗故事。

《佛本生故事》虽然讲的是佛陀的故事，但其内容十分广泛，涉及政治、经济和文化诸多方面的内容。《佛本生故事》也反映了佛教徒对纯朴世风的赞美和对丑恶社会现象的鞭挞。

《佛本生故事》流传很广，对世界上许多国家的文学都产生过深远的影响。《佛本生故事》还是佛教艺术的重要题材，印度的佛教建筑如桑奇大佛塔、阿旃陀石窟等的绘画和雕刻，就有很多表现了《佛本生故事》。对于历史资料匮乏的印度，这些故事提供了有关政治、经济、文化、民俗等方面的丰富信息。《佛本生故事》中的许多寓言故事随佛教一道大量传入中国，对我国古代寓言、故事、小说等文体的发展产生过相当大的影响。这部人类最古老的诗文并用、韵散相济的寓言故事集，在印度文学史乃至世界文学史上都占有重要地位。

《佛陀生平传记集》关于佛陀的生平，巴利语佛典已有不少记载。佛陀从人转变为神，是佛教发展的一个重

要阶段。早期梵文文学的《大事》和《神通游戏》等作品对这一转变已清楚地反映了。

《大事》是小乘佛教大众部出世派用混合梵语写的，主要部分约写定于公元前2世纪。《大事》把佛陀的生平分为三个阶段来描写：第一阶段写佛陀前世作为菩萨在燃灯佛和其他过去佛时期的生活；第二阶段写佛陀从菩萨转生为兜率天，然后再转生为释迦族的王子，以及出家成佛的经过；第三阶段写佛陀初转法轮，建立僧团等事。《大事》对佛陀进行了神化的描述，说他具有神奇的法力，双手能触摸太阳；佛陀站立在众神所持的华盖之下，有如众神之王。不过，《大事》也保留了一些有关佛陀的真实故事。比如，佛陀为释迦族王子，放弃富贵生活而出家寻求人间之真谛，等等。从严格意义上说，《大事》只是一部有关佛陀传说的汇编，它的结构松散凌乱，插有许多佛本生的故事，内容主线也不清晰，但它所使用的语言为早期含俗语较多的混合梵语和后期含梵语较多的混合梵语，对研究佛教经典语言由俗语向梵语的转变有十分重要的参考价值。

《神通游戏》是一部大乘佛教的佛陀传记集，是早期大乘佛教的经典。此书采用韵散相杂的文体，韵文用混合梵语，散文用梵语。全书叙述佛陀从降生至得道成佛以及初转法轮的过程，极力神化佛陀。《神通游戏》中把佛陀描绘为天上人间的至上神，是应众天神的劝请，为解救人类而降临人间的。《神通游戏》是佛教文献中第一部全面系统地神化佛陀的作品，后世佛教文献多以其为素材，对佛陀生平加以渲染神化。因此，它对佛教文学的发展产生了重大的影响。在文学表现手法上，《神通游戏》也有可称道之处：全书体例严谨、层次清晰，为适应上层人物欣赏的需要，词语华丽，多用夸张的手法。这是早期佛教梵文文学的重要特点之一。

戏剧在印度与《吠陀》同样古老。在吠陀时期的宗教节日中，已经出现了带有戏剧性质的表演，如舞蹈和哑剧等。这些表演的目的显然在于取悦神灵，并为一般民众增添娱乐。同时，祭礼与节庆的盛典、宗教性的游行、古老的舞蹈、史诗的诵唱，这些综合因素造就了印度戏剧，并且赋予它一种宗教的特性。

在阿育王之前，古印度还没有戏剧的确切实据，无论如何，印度戏剧产生的时间是在公元纪年之前。丰富的戏剧实践使印度出现了戏剧理论。公元2世纪婆罗多牟尼著的《舞论》（又译《剧论》）是印度最早的一部戏剧理论专著，它不仅全面论述了戏剧，也兼及舞蹈和音乐。它对剧本、导演、表演、台词、角色、服饰、化妆、音乐、舞蹈、剧场等问题都有精湛恰当的论述。它把文学作品中的情调（即"咪"）列为艳情、恐怖等八种，认为情调是文学作品的核心和灵魂。《舞论》是对当时戏剧创作与实践的一次极其重要的理论总结。

印度戏剧在世界戏剧艺术之林中独具特色。它现存戏剧数量不少，篇幅长短不一，既有独幕剧，也有多达十幕的多幕剧。印度戏剧以喜剧为多，有些则是悲喜剧，一般取材于神话或英雄传奇，但也有表现世俗故事的。为了增加喜剧气氛，印度戏剧中往往要安插一个小丑。这种角色通常是一个形貌丑陋的婆罗门，多为国王的弄臣，专司插科打诨，以引人发笑。在印度戏剧中，不同的人物讲不同的语言，社会地位高的人物讲梵语，社会地位低的人物（包括丑角和妇女）则只能讲各种俗语。

演出时，在舞台与后台之间设置幕布，但在舞台与剧场之间却没有幕布。舞台上不置布景，道具十分简约，但剧中舞蹈语言却可以使故事情节明白如话。经常看戏的观众根据演员面部表情与肢体动作就能明白他们在想什么或做什么。演员的服饰也都有一定的规则，所以剧中英雄、神仙、妖魔、恶棍、小丑等都可以轻而易举地被辨认出来。这与京剧的脸谱有异曲同工之妙。演出开始时通常有一段献诗，然后是开场白或序幕，由舞台监督以幽默的语言引出主要演员，并介绍即将上演的戏剧的作者、名称及性质。剧中主要对白为散文，其间通常插有大量诗歌，供演员吟诵。韵文与散文的比重大体相等，这就使印度戏剧具有浓郁的诗意。

印度戏剧通常由男女演员伶工组成的职业剧团演出，也有由国王与后妃在宫中以自娱为目的的表演。职业剧团常出没在王宫或富人宅邸，在节日期间也到寺庙庭院为公众演出。

现存最早的印度戏剧是佛教诗人马鸣的三部戏剧残卷，它们是20世纪初在我国新疆发现的。马鸣的九幕剧《舍利佛传》说的是释迦牟尼的两个大弟子舍利佛和目犍连改信佛教的故事。

↑ 舍利佛

古文明浅读 深远影响亚洲的文明——古印度文明

从人物、语言、结构等方面看，马鸣的剧本中规中矩，属于成熟的印度古典戏剧。

大约在公元2—3世纪，相传是首陀罗迦创作的作品《小泥车》，则是代表古印度戏剧成熟的不朽之作。它写的是一个穷婆罗门善施卡鲁与名媛森娜的爱情故事。此剧以通俗剧与幽默的聪明糅合，夹杂着极具诗意的热情。

↑ 目犍连

在第一幕里，卡鲁——一个曾经富有，如今却因慷慨和运气不佳而穷困潦倒的人，要他的朋友梅特莱耶——一个愚蠢的婆罗门，是戏剧中的丑角，给神灵上供，但梅特莱耶拒绝了，并且说："有什么用呢？你所崇拜的神灵并没有为你做过什么呀？"忽然，一位年轻的、家庭出身高贵而富有的印度女子跑进了卡鲁的庭院寻求庇护，因为有人追赶她。这位追她的人就是国王的兄弟沙姆斯坦那卡——一个无恶不作的人。

卡鲁保护了这位姑娘，把沙姆斯坦那卡打发走了，并对沙姆斯坦那卡要进行报复的威胁表示蔑视。这位姑娘名叫瓦森塔·森娜，她要求卡鲁为她保存一盒子珠宝，以免被她的仇敌偷去，这样也好留个借口再来拜访她的救命恩人。卡鲁同意了，收下了她的首饰盒子，并陪同她回到了她富丽堂皇的家里。

第二幕是一个喜剧穿插。一名赌徒为逃避另外两名赌徒的追赶而跑到一座庙里躲藏了起来。当两名赌徒进来的时候，他便装扮成神像以避免引起他们的注意。追赶他的那两名赌徒使劲拧他，想看看这是否真的是一座石头神像，但他就是不动。他们放弃了搜寻，便在祭坛下面掷骰子玩乐。这游戏真是太令人兴奋了，以至于那座"神像"再也控制不住自己，他从台上跳了下来，并且恳求让他也加入这游戏。那两名赌徒狠狠地揍了他一顿，他只得逃走，并且被瓦森塔·森娜给救了，因为她认出了他是卡鲁从前的一名仆人。

第三幕上演的是卡鲁和梅特莱耶参加一场音乐会回来所发生的故事。他们去参加音乐会的时候，一位名叫沙尔维拉卡的小偷闯进屋子里偷走了那个首饰盒子。卡鲁发现首饰盒子被偷走了，非常惭愧，就把自己所珍藏的唯一的一串珍珠送给瓦森塔·森娜作为补偿。

第四幕是沙尔维拉卡把偷来的首饰盒送给瓦森塔·森娜的侍女，以酬答她对他的爱情。当这位侍女发现这正是她女主人的首饰盒的时候，便斥责他是一个小偷。

但她到后来还是原谅了他，而瓦森塔·森娜则允许他们成婚。

第五幕，开头的时候，瓦森塔·森娜来到了卡鲁的住处，把首饰盒子和卡鲁的珍珠一并归还给卡鲁。当她在卡鲁家的时候，一阵暴风雨降临了。这场暴风雨善解人意地越来越猛烈，满足瓦森塔·森娜的心愿，使她在卡鲁那儿过了一夜。

第六幕，第二天清晨，瓦森塔·森娜离开卡鲁家的时候，由于误会，她没有走进卡鲁为她准备的马车，而是误入了恶棍沙姆斯坦那卡的马车。

第七幕说的是一个次要的情节，对主题没有什么重要性。

第八幕说的是瓦森塔·森娜从马车上下来的时候，不是像她所预想的那样到了自己的家，而是在沙姆斯坦那卡的家里，并且几乎是在他的怀抱之中。她再一次轻蔑地拒绝了沙姆斯坦那卡的爱情。沙姆斯坦那卡就把她勒死了，并把她埋掉。然后，沙姆斯坦那卡就到法庭上去控告了卡鲁，说卡鲁为了珠宝而谋害了瓦森塔·森娜。

第九幕描写审判。梅特莱耶无意之中在法庭上把瓦森塔·森娜的首饰盒子掉到了地上，从而给卡鲁带来了十分不利的证据，卡鲁被判死刑。

第十幕，卡鲁在被押赴刑场的路上，他的孩子请求以身代父而遭到了拒绝。这时，瓦森塔·森娜出现了。原来沙尔维拉卡看到了沙姆斯坦那卡偷偷地在掩埋瓦森塔·森娜，趁他刚走开的时候，及时地把瓦森塔·森娜扒出来并救活了她。于是瓦森塔·森娜救下了卡鲁，并控告国王的兄弟犯了谋杀罪。然而卡鲁拒绝为这一指控作证，沙姆斯坦那卡获得了释放。于是皆大欢喜。

十幕剧《小泥车》剧情复杂，语言幽默，对城市生活的描绘十分到位，因而被认为是印度戏剧中最具现实主义精神的一部戏剧。它曾多次在欧洲演出，获得赞誉，我国著名学者吴晓铃先生曾翻译了这部作品。

现存古印度最早的完整的剧本则是归在跋娑名下的 13 部戏剧。这些戏剧带有民间戏剧的朴素风格，剧中诗歌样式多与史诗相同，因此它们属于从民间戏剧向文人戏剧过渡阶段的产物。虽然跋娑在古代就已是著名的戏剧作家并且受到后世赞誉，但其生平不详。一般认为，他大约生活在马鸣与迦梨陀娑之间，即公元 275 年到 325 年之间，他可能做过宫廷诗人。

跋娑的剧作主要取材于梵语史诗《摩诃婆罗多》、《故事海》等。他最优秀的代表作品被普遍认为是六幕剧《惊梦记》，剧作取材于古印度流传十分广泛的关于优填王的传说，最初见于《故事海》中。剧中的主要情节是：犊子国优填王疏于朝政，结果国力日下，引来外敌侵略。在兵临城下的危急关头，大臣负轭氏与王后仙赐定计，伪造自己与仙赐已经烧死于大火的假象。随后，他带领仙赐前往摩揭陀国，设法使仙赐成为莲花公主的仆人。在负轭氏的安排下，摩揭陀国王提出将自己的女儿嫁给优填王。在优填王与莲花公主即将举行婚礼的时候，仙赐被安排给莲花公主编制婚礼花环，心中充满痛苦的仙赐陪伴莲花公主游玩，优填王与弄臣也来到花园。两个女子躲藏到藤萝亭中，偷听他们的谈话。弄臣问优填王究竟更喜欢哪个王后。知道了优填王依然心系自己后，仙赐深感欣慰。莲花公主不但没有心生妒意，反而非常赞许优填王的不忘旧情。优填王伤心流泪，为了不让莲花公主发现自己的隐情，竟称自己是因花粉迷了眼才流泪的。一天，优填王在梦醒时遇到了仙赐，不知自己是在做梦还是产生了幻觉。最后，优填王借助摩揭陀国的援兵，收复了自己的国土。结局自然是真相大白，皆大欢喜。通过以上剧情勾勒不难看出，跋娑的代表作《惊梦记》的结构已经具有曲折复杂的特征。其实，它在通过缔结婚姻以救国家于危亡的背景下，表现的是优填王对爱情的忠贞不渝。剧中人物对话生动有趣，令人称快。

《沙恭达罗》是迦梨陀娑创作的戏剧的代表作，是梵语戏剧文学的最高典范，剧本全名是《凭表记认出沙恭达罗》，是一部七幕爱情剧。迦梨陀娑不但是梵语古典文学时期最杰出的诗人，而且是整个梵语文学史上空前绝后的伟大剧作家。他在印度戏剧文学中的地位，丝毫不逊色于莎士比亚在英国戏剧文学中的地位。他实际创作了多少剧本，现在没有清楚的统计。从创作的长篇叙事诗来看，他应该是一位多产而勤奋的作家。《沙恭达罗》是剧作家剧本中篇幅最长的一部。这一点也许并非偶然：作者是在创作的高峰期创作了这部戏剧，他将自己的激情与才华全部倾注到剧作的创作中，寻常篇幅显然难以满足他的需要。剧中共有人物近40个，剧中的诗歌达200首之多。剧本诗情洋溢，也是一部名副其实的诗剧。作品故事发生在印度传说中的远古时代。剧中故事在史诗《摩诃婆罗多》中已有雏形。迦梨陀娑全新的创作手法使这个古老的故事彰显出别样的风采，美不胜收，散发出无限的魅力，享誉世界。

这部戏开头先是一段楔子，邀请

↑迦梨陀娑

铺满花朵的石头上，向两位一道修行的女友倾吐自己深藏的秘密：她已经爱上国王，但又怕遭到拒绝。躲在一旁的豆扇陀听到了她的秘密后非常感动，于是走出来吐露了自己的心声。两位女友一起走开，留给他们享受爱情的时间。

第四幕，国王与沙恭达罗以一种传统方式自主结婚了，然后返回京城。临别之前，国王将一枚刻有自己名字的戒指作为信物留给了沙恭达罗，许诺随后派人来接她进京。不料，国王走后，沙恭达罗由于过度思念国王而魂不守舍，对一位前来造访的大仙竟然视而不见，于是遭到大仙的诅咒：沙恭达罗将被自己的情人遗忘，除非他再看到自己留下的信物。果然，国王回到京城后过了很久，都没有派人去迎接沙恭达罗。此时，干婆回到净修林，决定将已怀身孕的沙恭达罗送到宫里。她犹豫不决，恋恋不舍。

第五幕是全剧的高潮，沙恭达罗到京城终于见到了自己的丈夫，可是豆扇陀早已将她忘得一干二净。沙恭达罗试图唤醒他的记忆：

沙恭达罗："你不记得了吗？在那素馨花荫下，

有一天，你把荷花聚积的雨水倾入你手中？"

国王："说下去，我在凝听。"

观众思考自然的美景，然后第一幕开始了。国王豆扇陀狩猎时追逐着一只小鹿，追到了一座风光旖旎的净修林中。他本想造访干婆大师，却和干婆大师的养女沙恭达罗不期而遇。正值妙龄的沙恭达罗本是婀娜多姿，又充满了青春活力，所以显得格外楚楚动人，引得国王神魂颠倒；与此同时，沙恭达罗也对英武的豆扇陀情意绵绵，心驰神往。

第二幕，国王由于爱上沙恭达罗而无心狩猎，借口需要保护净修林而留在那里不走，其本意是想追求沙恭达罗。

第三幕，沙恭达罗由于坠入爱河而身心憔悴、郁郁寡欢，斜倚在一块

沙恭达罗："就在那时，我收养的孩子，

那头小鹿，跑过来，眯着长而柔和的眼睛。

而你，在解除你自己的干渴之前，便让这小东西先饮，

你说：'你先喝，

温文尔雅的小鹿。'

但她不肯从陌生人的手中喝水。

然而，随后，

当我用我的手取了一点儿水，她就喝了，

对我绝对信任。

然后你笑着说：'每一种生物

都相信它自己的同类。

你们两个都是同一处野树林中的孩子，

相互信任，知道应该把信任寄托于谁。'"

国王："这故事真是甜蜜、美好而又虚假，

这样的女人只能诱惑傻子……

女人狡诈的天赋

在各种生物之中最显著；

杜鹃下的蛋让豆伯鸟去孵，

自己飞走了，安然又得意。"

沙恭达罗想起国王给她的信物，却发现自己的指环已经失落。听到国王无礼的嘲讽，沙恭达罗痛斥他是卑鄙无耻、口蜜腹剑的骗子。沙恭达罗虽然被国王遗弃了，但被生母接回了天宫。

第六幕，沙恭达罗生下了自己的孩子——伟大的婆罗多，而且他必须参加史诗《摩诃婆罗多》中所发生的一切战争。在此同时，一个渔夫在出售一枚带有国王名字的戒指时被捕了，原来他是从剖开的鱼肚中找到这枚戒指的。国王见到自己送给沙恭达罗的戒指后，终于恢复了原来的记忆，不禁悲从中来，为自己的薄情寡义而懊悔万分。

第七幕写国王到处寻找沙恭达罗。他乘着可以飞行的工具飞越了喜马拉雅山的时候，由于机缘巧合，他正好降落到沙恭达罗的隐居之地。他看到男孩婆罗多正在房前玩耍，便表现出了对他父母的羡慕：

"啊！幸福的父亲，幸福的母亲，他们

正抱着他们娇小的儿子，浑身沾着

孩子身体上的泥尘，孩子满怀信赖地

依偎于他们的膝间，他所渴求的庇护之所——

当他粲然一笑之际，

白色花蕾般的乳齿轻启；

当他尝试无字的呀呀之语，

比任何字眼都能融化人的心房。"

沙恭达罗出现了。国王请求她的宽恕，最后她原谅了国王，于是国王封她为王后。这出戏剧以一种奇特的

但却典型的向神祈求的方式结束：

"愿国王们纯粹为了百姓的幸福治理国家！

愿神圣的莎维德丽这话语之源和戏剧艺术的女神，

永远受伟大睿智者尊崇！

愿那华美的、自我存在的神，

他的勃勃生机弥漫所有空间，

救我的灵魂脱离未来的轮回！"

剧本《沙恭达罗》的剧情结构严谨，人物个性特征非常鲜明，语言优美清新。剧本的中文译者季羡林先生认为，《沙恭达罗》是一部"万古长新的不平凡的诗篇"，可谓恰如其分。

古文明浅读

深远影响亚洲的文明——古印度文明

↑ 歌 德

《沙恭达罗》被译成多种印度近现代通用的地方语言，印度人民对这一作品的喜爱与赞赏是不言而喻的，它还被译成英文、德文等。很快，这部东方名剧在西方引起了极大的关注。

德国大诗人歌德、席勒等都高度赞赏这部诗剧。歌德有一首赞美《沙恭达罗》的诗：

"君是青春的花、暮年的果，

君是一切。灵魂为之陶醉、狂喜、欢宴、哺喂；

君是大地与天堂一以名之的聚合吗？

吾举君之名了，哦，《沙恭达罗》！万物皆在其中矣！"

你知道吗

荷马史诗

《荷马史诗》是相传由古希腊盲诗人荷马创作的两部长篇史诗《伊利亚特》和《奥德赛》的统称，两部史诗都分成 24 卷，这两部史诗最初可能只是基于古代传说的口头文学，靠着乐师的背诵流传。它作为史料，不仅反映了公元前 11 世纪到公元前 9 世纪的社会情况，而且反映了迈锡尼文明。它再现了古代希腊社会的图景，是研究早期社会的重要史料。《荷马史诗》不仅具有文学艺术上的重要价值，它在历史、地理、考古学和民俗学方面也提供给后世很多值得研究的东西。

美术之花

作为东方文明古国之一，印度文化是多民族、多宗教的融合，与希腊文化、中国文化并列成为世界的三大文化体系。印度本土的主要民族达罗毗荼人基于生殖崇拜的农耕文化与外来的雅利安人基于自然崇拜的游牧文化互渗交融，形成了印度文化的主体。印度本土的主要宗教——印度教、佛教、耆那教文化与外来的伊斯兰教等异质文化互相影响，使印度文化呈现出多样统一的特征。尽管印度历史上外族入侵的情况频繁，小国林立，但印度文化仍具有印度本土传统精神上的连续性和统一性。

作为印度文化的重要组成部分的印度美术已有5000多年的历史，内容深奥，形式丰富，独具特色，自成体系，对亚洲其他国家的美术产生过重要的影响。印度美术不仅具有印度文化的一般特点，而且与印度的宗教、

哲学等关系非常紧密。从原初意义来说，印度美术往往是宗教信仰的象征或哲学观念的影射，而非审美观照的对象。19～20世纪，西方各国和印度的学者才逐渐发现了印度美术的审美价值，并参照欧洲美术史的风格分类法，把印度美术风格的演变划分为古风、古典主义、巴洛克、罗可可等发展阶段。当然，由于文化背景不同，这种风格分类在年代上与欧洲并不对应，在内涵上也不尽相同。印度美术风格的演变不仅受形式美自律性法则的限制，而且受印度宗教、哲学嬗变的制约。

以印度美术的两大系统——佛教美术和印度教美术为例，佛教伦理学注重沉思内省，佛教美术更强调宁静平衡，以古典主义的静穆和谐为最高境界；印度教宇宙论宣扬生命的活力，印度教美术便追求动态、变化，以巴

洛克风格的激动、夸张为终极目标。而晚期大乘佛教被印度教同化蜕变为密教，密教美术也倾向于巴洛克的繁缛绚烂。同时，印度的古典主义并不完全摒弃华丽的装饰（酷爱装饰是印度美术的传统特色之一）；印度的巴洛克风格也并不完全排斥静态的表现（"寂静"是印度教吠檀多哲学的宇宙精神"梵"的本义之一）。因此，只有深入了解印度宗教、哲学，才能准确地把握印度美术以及其他印度文化的特质和精髓。

在伊斯兰教入侵以前，古印度的主要宗教是佛教和印度教；在伊斯兰教入侵之后，印度美术也被分为佛教美术和伊斯兰教美术。

史前时代美术。印度史前时代主要包括旧石器时代（约公元前50万~前1万年）、新石器时代（约前6000~前3500年）、印度河文明时代（约前2300~前1700年）、吠陀时代（约前1700~前600年）。史前时代的美术基本上属于前美术或准美术的范畴。

印度旧石器时代的工具大多是粗糙的石英石器物。早期索安文化的砍斫器和马德拉斯文化的手斧，中期石片文化的刮削器，晚期印度中、西部的细石器（亦称中石器时代文化）和南部的石片，从简陋到精致，从单调到丰富，逐渐显示出印度次大陆原始居民的审美意识的最初萌芽状况。

印度新石器时代的工具，材料已不限于石英石，器物不但有切削打制而成的，而且有刻槽、磨光等多种形制和式样。自20世纪70年代以来，在印度中央邦皮姆贝德卡等地发现的岩画，内容大多描绘的是狩猎、舞蹈、战争等场面。有些学者认为最古的印度岩画年代大约在公元前5500年，大约公元前4500年印度次大陆出现的陶器，上面已有彩绘花纹。在德干南部和安得拉邦发现的巨石古墓，具有世界新石器时代文化的普遍特征，可能是历史时代印度宗教建筑窣堵波的起源。

印度河文明时代美术。印度文明发源于印度河流域是，在印度河流域发掘出土的哈拉帕和摩亨佐·达罗等古城遗址为代表的印度河文明，也称哈拉帕文化，据推测它是由印度土著居民达罗毗荼人创造的农耕文化。达罗毗荼人盛行母神、公牛、阳物等生殖崇拜。印度河文明城市遗址出土的独角兽、兽主、瘤牛、菩提树女神等印章，祭司、舞女、母神、公牛等小雕像，红底黑纹陶器上描绘的各种动植物花纹和几何形图案，大多数是一种祈愿土地丰产、生命繁衍的生殖崇拜的形象化或抽象化的符号。构成印度本土传统艺术最显著特征的强烈的生命感，似可从达罗毗荼人的生殖崇拜文化中追溯渊源。印度本土传统艺术特色的奇特的想象力和浓厚的装饰性，亦可在印度河文明时代的艺术中得以窥见。摩亨佐·达罗著名的大浴池可能曾用于某种原始宗教沐浴仪式，表明印度美术自古便与宗教有着紧密的联系。虽然大约公元前 1700 年印度河文明突然中断了（中断的原因至今尚不清楚），但历史时代的印度美术在精神上仍然与印度河文明时代的美术传统遥相呼应。

吠陀时代美术。《吠陀》是中亚的游牧民族雅利安人的圣典。随着雅利安人的入侵和东进，印度文明的中心逐渐转移到恒河流域，史称吠陀时代文化或恒河文化。雅利安人崇拜火焰、河川、太阳、雷雨等自然现象人格化的吠陀诸神。吠陀时代，雅利安人的游牧文化植根于自然崇拜，逐渐与植根于生殖崇拜的达罗毗荼人的农耕文化互相渗透、融合，逐渐形成了统一的印度文化，同时，达罗毗荼人在南印度更多地保留了土著文化的传统。从吠陀时代到孔雀王朝的约 1500 年间，目前尚未发现造型艺术的遗迹，但吠陀后期和后吠陀时代相继产生的婆罗门教（印度教的前身）、耆那教和佛教，成为历史时代印度美术的主题。

早期王朝时代美术。印度早期王朝主要包括孔雀王朝（约公元前 322—前 185）、安达罗（萨塔瓦哈纳）王朝（约公元前 3 世纪—公元 3 世纪）、巽伽王朝（约公元前 185—前 73）。王朝早期的美术发展处于佛教美术的初创阶段，古风风格是主导风格。

孔雀王朝美术。从恒河下游摩揭陀（今比哈尔邦一带）崛起的孔雀王朝，是印度历史上第一个统一的大帝国。孔雀王朝第 3 代国王阿育王（约前 273—前 232 年在位）统治时期，是印度文化与伊朗、希腊文化最早融合的时期，印度的建筑、雕刻吸收了伊朗阿契美尼德王朝和希腊塞琉古王朝的艺术特点，其发展达到了印度美术史上的第一个高峰。作为孔雀王朝的都城，华氏城（今巴特那）里的壮丽宫殿曾受到希腊使节的赞扬，华氏城的百柱厅可能从一定程度上受到了波斯波利斯王宫的影响。阿育王以武力征服了羯陵伽（今奥里萨），但战后皈依佛教，命令在印度各地树立独石纪念圆柱（现在尚存 30 余根），在柱身上镌刻了诰文，柱头上雕成兽类，铭记征略，弘扬佛法，这就是著名的阿育王石柱。阿育王时代开创了窣堵波、支提、毗诃罗等佛教建筑，相传萨尔纳特蚡堵波和桑奇大塔覆钵的核心始建于阿育王朝，而且开凿了比哈尔邦巴拉巴尔丘陵的 7 座石窟。

孔雀王朝的雕刻学习了伊朗、希腊的石雕技术，普遍采用砂石作为雕刻材料，以砂石表面高度磨光为特色。萨尔纳特的阿育王狮子柱头是象征性、写实性与装饰性完美融合的雕刻名作。兰布瓦尔的《瘤牛柱头》令人联想起印度河文明时代的瘤牛印章。迪大甘吉的《持拂药叉女》虽属于正面直立的古风式雕像，但造型浑朴温雅，丰腴圆润，充分体现了当时印度女性美雏形的标准。马图拉地区帕尔卡姆的《药叉》雕像是贵霜时代马图拉佛像的范本。

↑ 持拂药叉女

巽伽王朝与安达罗王朝美术。当时印度政治和艺术活动的中心已发生了转移，早期佛教美术日益兴盛。孔雀王朝开创的佛教建筑形制逐步得以完善。佛陀伽耶蚊堵波、帕鲁德蚊堵波和桑奇大塔成为印度早期佛教建筑的三大代表作品。巴雅石窟、贝德萨石窟、阿旃陀石窟（第 10 窟）、纳西克石窟和毗诃罗陆续开凿。帕鲁德围栏浮雕、佛陀伽耶围栏浮雕和桑奇大佛陀涅槃浮雕，约为公元 2 世纪作品，浮雕中佛陀躺卧在拘尸那城的婆罗树林间，哀恸的弟子，如阿难陀、须跋陀罗、大迦叶与金刚等人随侍在侧。此佛陀人灭的景象在印度佛教艺术中时常可见到。

塔门雕刻是印度早期佛教雕刻的代表作。塔门浮雕题材多取自本生经和佛传故事，构图紧凑密集，往往是一图上雕刻数景。在佛传故事浮雕中从不雕刻出人形的佛像，仅以台座、法轮、菩提树、足迹等象征符号象征佛陀的无处不在。这种体现佛陀的象

↓ 瘤牛印章

↑巴雅石窟

进了东西方的贸易往来与文化交流，发展了融合印度、希腊、罗马、伊朗等诸文化要素的贵霜文化。贵霜时代早期佛教（小乘）向中期佛教（大乘）转变，引起了佛教美术的变革。迦腻色迦信仰佛教，在其统治下印度西北部的犍陀罗和北印度的马图拉，打破了印度早期佛教雕刻采取象征手法表现佛陀的惯例，创造了最初的佛像。当时，南印度的阿默拉沃蒂的佛教雕刻独具一格，与马图拉、犍陀罗并列为贵霜时代的三大艺术中心。贵霜时代的艺术水平处于佛教艺术的繁盛阶段，总体来说是从古风风格逐步过渡到古典主义风格。

征手法已经是印度早期佛教雕刻的惯例和模式。

　　帕鲁特浮雕的人物和药叉、药叉女等守护神雕像是典型的古风风格，其主要特点是造型质朴粗拙，姿态僵直生硬。桑奇大塔的人物雕刻则进行了很多改进。桑奇东门的《树神药叉女》托架像，最早创造了表现印度女性人体美标准的三屈式，为后世所沿用。

　　贵霜时代美术。公元1世纪贵霜王朝（约公元1～3世纪）在中亚大夏（巴克特里亚）一带建立，贵霜人原系中国西部的游牧民族（在中国的史籍中称为大月氏），王朝的领土从阿姆河流域逐渐扩展到恒河流域。贵霜国王迦腻色迦（约公元127—151年在位）统治时期，国力强大，经济繁荣，促

↓树神药叉女

古文明浅读

深远影响亚洲的文明——

古印度文明

犍陀罗美术。犍陀罗地区逐步成为贵霜王朝的政治、经济与文化发展的中心，为东西方文化融会贯通之地。犍陀罗美术的外来文化色彩非常浓厚。现今，贵霜王朝的都城布路沙布逻（今白沙瓦）的迦腻色迦大塔和口叉始罗的佛塔寺院早已坍塌，装饰佛塔的佛传故事浮雕大量遗存下来。犍陀罗雕刻主要吸收了希腊化美术的影响，仿照希腊、罗马神像创造了希腊式的佛像——犍陀罗佛像。犍陀罗的主要特点有：雕刻材料采用青灰色片岩，风格多是写实主义，造型高贵典雅，衣褶厚重，突出人体解剖学细节的精确。犍陀罗美术衍生出印度—阿富派美术（见巴米扬石窟），影响远达中国新疆与内地，并东渐朝鲜和日本。

马图拉美术。马图拉属于东西方文化交汇的地区，是贵霜王朝的宗教与艺术中心之一。与犍陀罗相比，马图拉美术的印度本土文化传统更加深厚。马图拉的建筑遗迹有布台萨尔的佛教、马德的贵霜王室神殿、耆那教蚖堵波等。肉感丰美的裸体药叉女雕像，是印度农耕文化的代表；马图拉雕刻的贵霜王侯肖像，则是游牧民族王权神化的化身。究竟是犍陀罗，还是马图拉首先创造了佛像，近百年来各国学者一直争论不休。贵霜时代的马图拉佛像，最初是参照马图拉本地传统的药叉雕像创造的，雕刻材料一

↑ 犍陀罗佛像

般采用黄斑红砂石，风格倾向于理想主义，造型雄壮高大，薄衣透体，追求健壮裸露的力量感和肉体美。马图拉美术经由克什米尔传播到中亚和中国。

阿默拉沃蒂美术。阿默拉沃蒂是南印度与贵霜王朝对峙的安达罗国萨塔瓦哈纳王朝的都城。阿默拉沃蒂美术比马图拉美术的印度本土文化传统更纯粹。最能代表阿默拉沃蒂风格的是阿默拉沃蒂大塔、那伽尔朱纳康达和贾加雅佩特等地窣堵波的雕刻。这些雕刻的材料大多采用白绿色石灰石，风格处在古风与古典主义之间，还体现出巴洛克风格的一些特点，肢体细长，造型生动活泼。阿默拉沃蒂式的

佛像曾传至斯里兰卡和东南亚诸国。

笈多美术。笈多王朝（320—600年）是继孔雀王朝之后从摩揭陀崛起的又一个大帝国，是古印度的历史中实现了短暂的统一两个古印度人建立的王朝。笈多美术在继承贵霜时代具有强烈外来文化色彩的基础上，还致力于高扬印度本土的文化传统，使印度古典文化的发展走上顶峰。笈多时代，佛教美术发展繁荣，印度教美术勃兴，被誉为印度古典主义的黄金时代。

笈多印度教美术。笈多时代古婆罗门教向新婆罗门教即印度教转化，印度教美术随后兴起。笈多印度教建筑的主要遗迹有：代奥格尔十化身神庙、蒂哥瓦神庙、乌德耶吉里石窟、皮得尔冈神庙等，为之后数百年的印度建筑提供了雏形和典范。笈多印度教雕刻的代表作有马图拉的代奥格尔的《毗湿奴卧像》、《毗湿奴立像》、乌德耶吉里的《毗湿奴的野猪化身》等，风格已逐渐从古典主义向巴洛克风格转化。笈多印度教美术拉开了中世纪印度教美术全盛时期的发展序幕。

当时马土腊地区最著名的佛像代表作是《马土腊佛陀立像》。这尊佛像的脸型是印度式的椭圆形，还融合了希腊雕塑的某些特征，细长的眉毛像倒八字一样向上高高挑起，眼睑低垂，一种沉思冥想的神态，高挺笔直的鼻梁，鼻翼舒张，嘴唇宽厚，嘴角流露出自然的微笑，神情宁静而玄妙。佛陀身披薄如蝉翼的通肩式袈裟，袈裟好像被渗透了一样呈现透明状，隐约看出身体的基本轮廓，那是一个健壮丰满的男性人体，圆润健美的双肩，起伏有力的胸膛，比例匀称的身材和修长的双腿，尽显勃勃生机，还有那平静的面容、温和的手势、俊逸的体态，使整个雕像显出雄伟雅致、雍容华贵的气质。雕像的头部后面有一个巨大的光环，装饰有精美华丽的圆形浮雕，中间是盛开的莲花，周围是环环相扣、错杂如锦的花纹。这光环象征着佛陀维识玄想、微妙深奥、光华灿烂的精神境界，也衬托了佛像面部表情的单纯平静。这尊佛像与《鹿野苑说法的佛陀》同为笈多时代最杰出的佛像雕刻作品，是印度古代雕塑艺术的精品。

笈多佛教美术。笈多诸王大多信奉印度教，但对佛教、耆那教等异教采取宽容政策，后期笈多诸王甚至赠金筹建佛教学府那烂陀寺。笈多时代的佛教哲学家无著、世亲使大乘佛教瑜伽行派哲学发展推到顶峰，浸透了唯识玄想精神的佛教古典主义艺术也臻于成熟。笈多古典主义风格的佛教建筑遗构主要有：桑奇第十七号祠堂、第五十一号精舍，萨尔纳特的达迈克堵波，阿旃陀石窟第十六、十七、十九诸窟，佛陀伽耶大菩提寺等。奥兰

古文明浅读

深远影响亚洲的文明——古印度文明

加巴德石窟开凿于后笈多时代，已偏离了古典主义的规范。马图拉和萨尔纳特是笈多佛教雕刻的两大中心，在继承贵霜时代犍陀罗和马图拉雕刻传统的基础上，它们遵循笈多时代的古典主义审美理想，制作了纯印度风格的笈多式佛像——马图拉式佛像和萨尔纳特式佛像，代表了印度古典主义艺术的最高成就。马图拉式佛像比犍陀罗佛像更能体现印度化，比贵霜马图拉佛像更富有理想化，最典型的特征则是半透明的湿衣效果，脸型是印度人，眼神是冥想式的，螺发整齐，身材修长，背后圆光硕大精美，代表作有《马图拉佛陀立像》。萨尔纳特式佛像与马图拉式佛像造型非常相似，具有一种和谐、宁静、内敛的基调，最典型的特征是显露裸体的全透明衣纹效果，代表作有《鹿野苑说法的佛陀》。笈多式佛像对南亚、东南亚、中亚和远东佛教美术的影响比犍陀罗佛像更为深远。印度古代的绘画遗品极少，阿旃陀石窟和巴格石窟的壁画显得格外难得。笈多时代阿旃陀壁画的风格处于从古典主义的高贵单纯向巴洛克的豪华绚丽过渡的时期，印度雕刻传统的表现标准女性美的三屈式，也被许多壁画所采用，代表作有《须大本生》、《持莲花菩萨》等。大约作于后笈多时代的巴格石窟壁画，增加的世俗化、程式化倾向体现了佛教在印度本土的衰落。

↑马图拉佛陀立像

中世纪时代美术。印度中世纪（约7—13世纪）是印度教美术的全盛时期。自笈多时代以后，佛教在印度本土日渐衰微，印度教走上了统治地位。中世纪，印度南北各地历代地方性王朝大多信奉印度教，于是掀起了一股兴建印度教神庙的热潮，持续数百年而不衰。印度教的信徒们把印度教神庙看作印度教诸神在人间的住所，神庙的高塔悉卡罗通常象征着诸神居住的宇宙之山。神庙的圣所"子宫"中往往供奉着印度教宇宙大神毗湿奴、湿婆及其化身、象征或仙侣的雕像，尤以湿婆生殖力的象征林伽（男根）最为常见。神庙的外壁往往刻满了男女众神、人物、动物等装饰浮雕，建筑与雕刻浑然一体。印度教神庙的形式大体可分为三种：南方式（达罗毗荼式），悉卡罗呈角锥形；北方式（雅利安式或城市式），悉卡罗呈曲拱形；德干式（中间式），介于南方式与北方式之间。印度教诸神大多数是生命本质的隐喻、自然力量的化身、宇宙精神的象征，因此印度教艺术必然追求动态、变化、力度，呈现繁复、夸张、动荡的巴洛克风格。这种巴洛克风格具有显著的印度传统文化特色，生命的冲动、奇特的想象和豪奢的装饰似乎都超过了欧洲的巴洛克艺术。

南印度诸王朝美术。中世纪南印度诸王朝保持着纯正的达罗毗荼文化传统，发展了达罗毗荼人的艺术。帕拉瓦王朝（约公元600—897年）的都城建志补罗的凯拉萨纳特神庙与海港摩诃巴里补罗的五车神庙、石窟神庙和海岸神庙，是印度南方式神庙的滥觞，几乎提供了所有南方式神庙的原型。摩诃巴里补罗神庙的岩壁浮雕《恒河降凡》是帕拉瓦王朝雕刻的杰作，体现了初期印度巴洛克风格的特征。朱罗王朝（公元846—1279年）的都城坦焦尔的巴利赫蒂希瓦尔神庙和伽贡达朱罗补罗的同名神庙，沿用帕拉瓦神庙的平面设计，角锥形的悉卡罗更加巍峨。朱罗王朝的铜像，例如，名作《舞王湿婆》造型优雅，动

态灵活，是南印度巴洛克风格盛期雕塑的典范。潘地亚王朝（1100—1331年）的都城马杜赖的神庙群因袭朱罗样式，门楼（瞿布罗）高于主殿，装饰雕刻繁杂缭乱，属晚期巴洛克风格。中世纪后期的维查耶那加尔王朝（1336—1565年）的神庙群以及纳耶卡王朝（1564—1600年）在马杜赖修建的神庙，柱廊（曼达波）的地位突出，装饰雕刻烦琐靡丽，流于洛可可风格。

德干诸王朝美术。中世纪德干地区诸王朝处于雅利安文化与达罗毗荼文化混杂的中间地带，频繁的战争导致南北方美术风格的交流。早期遮卢迦王朝（公元535—753年）在迈索尔的三座都城巴达米、阿胡尔和帕德达伽尔的神庙群，最初的形制由佛教支提堂演变而来，中世纪接受了南方式印度教神庙的影响，同时渗入了北方式神庙的成分。帕德达伽尔的维卢巴克夏神庙是建志补罗的凯拉萨纳特神庙的仿制品。拉施特拉古德王朝（公元753—949年）继续开凿埃洛拉石窟。埃洛拉第十六窟凯拉萨神庙，是仿照帕德达伽尔的维卢巴克夏神庙设计的，镂空整块山岩凿成，不愧为举世无匹的巨构杰作。凯拉萨神庙的雕刻，综合了笈多时代的典丽、遮卢伽王朝的浑厚与帕拉瓦王朝的秀逸，动态强烈、变化丰富、活力充沛，代表着印度巴洛克美术的最高成就。约在

同时期开凿的象岛石窟湿婆神庙，雕刻也富有印度巴洛克美术的特色，其中的巨岩雕刻《湿婆三面像》集优美、崇高、狞厉于一身，寓创造、保存、毁灭之奥义，堪称世界雕刻名作。后期遮卢迦王朝（10—12世纪）的神庙群，外壁壁龛密集，装饰渐趋烦琐。曷萨拉王朝（1100—1300年）在德干西南的贝卢尔、赫莱比德、索姆纳特普尔修建的神庙，平面设计呈星形，悉卡罗较低，外壁装饰浮雕更加细密纤巧，亦流于洛可可风格。

北印度诸王朝美术。中世纪北印度诸王朝奉为正统的雅利安文化，愈来愈多地吸收了达罗毗荼文化的因素。孟加拉、阿萨姆流行的坦多罗教（性力崇拜），同时影响了印度教、佛教、耆那教及其美术。巴拉王朝（约公元750—1150年）是佛教在印度本土的最后庇护所。波罗诸王扩建增修了那烂陀寺和佛陀伽耶大菩提寺等寺院。佛陀伽耶的金刚宝座塔分层立龛的角锥形高塔形制，可能与印度教神庙的悉卡罗有关。那烂陀等地出土的波罗石雕或铜像，如宝冠佛、多臂观音、密教女神多罗菩萨等雕像，受笈多古典雕刻与南印度铜像的双重影响，感染了巴洛克的豪华、繁缛、怪诞，被称作火焰式的艺术。巴拉王朝美术对尼泊尔、中国西藏、缅甸、爪哇等地的佛教美术影响较大。东恒伽王朝（8—

13世纪）在奥里萨境内营造了宏伟的神庙群。奥里萨神庙是北方式神庙的亚种之一，曲拱形的悉卡罗呈玉米状，代表作有布巴内斯瓦尔的林伽罗神庙、布里的扎格纳特神庙、康那拉克的太阳神庙等。奥里萨雕刻装饰繁丽、动态夸张，属于烂熟期的印度巴洛克风格。康那拉克太阳神庙的巨大的浮雕车轮富丽堂皇，被视为印度文化的象征。金德拉王朝（公元950—1203年）的都城卡朱拉侯的印度教、耆那教神庙群可与奥里萨神庙群比肩。卡朱拉侯神庙也是北方式神庙的亚种之一，悉卡罗呈竹笋状，主塔周围环峙多层小塔，代表作有根达利耶·摩诃提婆神庙等。卡朱拉侯雕刻以神庙外壁高浮雕嵌板带上千姿百态的女性雕像和爱侣（密荼那）雕像著称，变形极美，性感极强，亦属于烂熟期的印度巴洛克风格。卡朱拉侯出土的雕刻珍品《情书》是印度雕刻的压卷之作。北印度西部拉贾斯坦奥西亚的苏利耶神庙和阿布山的毗摩罗塔楼，古吉拉特的苏利耶神庙，也属于北方式神庙，比例匀称，装饰华丽。克什米尔地区仍然营造着犍陀罗传统的寺庙，重要的有摩尔坦德和阿万蒂普尔的庙宇。

伊斯兰时代美术。13世纪，突厥人、阿富汗穆斯林入侵印度，德里苏丹国建立以后，开始出现了印度伊斯兰美术。14世纪，各地方穆斯林王国纷纷独立，印度伊斯兰美术随之普及。16世纪，北印度莫卧儿王朝兴起，印度伊斯兰美术盛极一时。

印度伊斯兰美术不仅是伊斯兰教美术在印度的变种，也不仅是印度本土艺术的改造形式，而是伊斯兰文化与印度文化这两种异质文化的不同特点的融合（融合的基因之一是对装饰性的共同爱好），结果形成了一种新颖独特的文化模式与艺术风格。

德里诸王朝美术。德里苏丹国诸王朝（13—16世纪）的建筑以中亚传入的伊斯兰风格为主，同时也混合了某些印度因素。德里苏丹国奴隶王朝（1206—1290年）在德里兴修的库巴特，乌勒·伊斯兰清真寺和库特卜尖塔，是印度伊斯兰建筑的最早范例。哈尔吉王朝（1290—1320年）建造的贾马阿特·哈纳清真寺和阿来门，则纯属伊斯兰风格。图格鲁克王朝（1320—1413年）的建筑简朴而刻板。萨依德王朝（1414—1451年）和洛迪王朝（1451—1526年）的建筑试图复兴卡尔吉风格。

地方诸王国美术。地方穆斯林独立的诸王国（14—16世纪）的建筑更多

↓德里大清真寺

地受到各地印度传统建筑的影响，呈现印度文化地方色彩强烈的多样化混成风格。江普尔王国（1400—1478年）的阿塔拉清真寺，明显受到了印度教神庙的影响。孟加拉王国（1336—1576年）的阿迪纳清真寺、小黄金清真寺和大黄金清真寺，采用了印度教神庙的结构与装饰。古吉拉特王国（1401—1537年）的都城艾哈迈达巴德的大清真寺，以当地传统方式砌成15个圆拱屋顶。马尔瓦王国（1401—1531年）的都城曼杜的大清真寺，则谨守伊斯兰传统风格。德干的巴曼王国（1347—1527年）的建筑混合了印度、突厥、埃及、伊朗的风格，吉尔伯加的大清真寺、道拉塔巴德的金德塔、比德尔的马茂德·加万学院，都是这种混成风格的范例。

莫卧儿王朝美术。莫卧儿王朝（1526—1859年）是察合台系突厥人——莫卧儿人在印度次大陆建立的伊斯兰王国。莫卧儿王朝第三代皇帝阿克巴奉行开明的宗教融合政策，加速了伊斯兰文化与印度传统文化融合的进程，为印度伊斯兰美术的充分发展开辟了道路。莫卧儿建筑主要吸收了波斯伊斯兰建筑的影响，同时融合了印度传统建筑的因素，形成了一种既简洁明快又装饰富丽的莫卧儿风格，代表着印度伊斯兰美术的最高成就。莫卧儿建筑集中分布于莫卧儿王国的都城德

里、阿格拉与陪都拉合尔等地。16世纪后半叶阿克巴时代的建筑主要以红砂石修筑，17世纪中叶沙·贾汗时代的建筑主要以白色大理石建造。其代表作有胡马雍陵、阿格拉城堡、法特普尔·西克里城堡、拉合尔城堡、阿克巴陵、伊蒂马德·乌德·道拉墓、德里红堡、德里大清真寺、泰姬陵。泰姬陵被公认为世界建筑艺术的奇迹之一。

印度莫卧儿时代的细密绘画，是接受波斯画派的产物，其内容大多描写宫廷礼仪、宴乐大礼和游猎战争等场面，欣赏这类画的人属上层人物。

莫卧儿细密画《聆听音乐》描写圣者聆听音乐的画面，气氛幽雅恬静，毫不矫饰，作画采用细线勾勒，设色

你知道吗

洛可可风格

"洛可可"原是一个派生词，本意是指描绘那种贝壳似的装饰图案。这种偏好艳丽色彩与优雅装饰的风气取代了巴洛克时代雄健奔放的趣味，表现出一种轻松活泼的特点。它由法国路易十五宫廷形成后便流行开来，波及德、奥和其他国家，以致形成了18世纪在欧洲占统治地位的"洛可可"风格的艺术形式。

↑莫卧儿细密画《聆听音乐》

密画的杰作。

莫卧儿细密画的成就仅次于建筑，胡马雍、阿克巴、沙·贾汗等莫卧儿皇帝都热心赞助绘画。从伊朗、印度延聘宫廷画家制作大量细密画，描绘朝觐、宴乐、狩猎、战争场面、王室肖像和后宫生活。莫卧儿时代印度本土诸邦的拉杰普特绘画与莫卧儿细密画并行发展，互相影响。拉杰普特绘画主要分为拉贾斯坦尼派（平原派）和帕哈里派（山区派），帕哈里派的佼佼者为康格拉派。拉杰普特细密画题材大多取自印度史诗、神话，尤其是关于牧神黑天克利希那（毗湿奴的化身之一）与牧女拉达恋爱的民间传说。作品往往有田园诗的色彩、牧歌式的情调和音乐旋律之美，线条粗犷，构图生动，用色大胆，对比鲜明，人物造型朴实自然。

平实，用笔精细，类似中国古代的工笔重彩。画中人物神情刻画细腻：听者专注慈祥，奏者认真专诚，动静结合，丝丝入扣，是一幅印度 18 世纪细

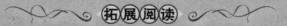

细密画

细密画是波斯艺术的重要门类，是一种精细刻画的小型绘画，主要用作书籍的插图和封面、扉页徽章、盒子、镜框等物件上和宝石、象牙首饰上的装饰图案。一般画于羊皮纸、纸或书籍封面的象牙板或木板上。题材多为人物肖像、图案或风景，也有风俗故事。大多采用矿物质颜料，甚至以珍珠、蓝宝石磨粉作颜料。

第六章 独特的艺术之花

天籁之音

印度音乐是世界上最古老的没有被破坏的传统音乐之一,而印度古典音乐就是其中一朵奇葩。印度古典音乐与西方的古典音乐不同,它是指基于古老音乐传统的音乐,经过了几千年的演变,它和印度文化一样成为印度人的信仰的一部分。从技术上讲,用通俗的话来说,印度古典音乐可以被定义为两种基本元素,那就是传统模式(Raaga)以及一种特殊的节奏(又被叫作 Taala)。

印度古典音乐主要有两个分支,北印度的叫作印度斯坦音乐(Hindustani),南印度的叫作卡纳塔克音乐(Carnatic 或者 Karnatak)。北印度的传统主要涵盖印度北部的克什米尔,西部的旁遮普到东部的孟加拉和阿萨姆,南部的马哈拉施特拉邦和北卡纳塔克邦。在巴基斯坦和孟加拉国独立前,北印度的传统在这些地区有着非常强的影响,自这些国家独立后,这个传统有所削弱。

最基本的印度古典音乐大概出现在 3000 年前,其音乐形式经受了持续的改变和发展,最后成为我们现在所认识的印度古典音乐的这种形式。

对于印度音乐的起源有着两种观点。宗教观点认为它起源于神,而被广泛认可的观点则是它的起源涉及印度文明的发展。

音乐是印度神话故事的重要组成部分。根据神话,音乐随着宇宙的第一个声音即 OM 而产生。OM 被认为是被制造的最完美的声音,吟唱 OM 可以治愈人的身体。OM 被印度的哲学和宗教思想定位在拥有宇宙的节奏这样一个地位。正确的演唱它需要一种特殊的呼吸过程,同样被认为可以净化系统和因果循环。有许多音乐唱片就是围绕吟唱 OM 这个主题而制作的。

在上天的世界中，Gandharvas（半神人中的天堂歌手和乐师）和 Demigods（半神人）精于音乐。因陀罗和其他神请求造物主梵天不仅要给人类恶的惩罚，而且要帮助人类振奋。梵天同意这个要求，并通过一个拥有非凡能力的人把音乐赐予人类。这个人就是圣人 Narad-aMuni。即使在现在，Narada 也是代表着音乐传播者的意思。

↑维纳琴

据说四部吠陀经中的那部《萨摩吠陀》就是用一定的音乐形式吟唱的，而其他的圣歌就是用仅有三个音符的普通音调来唱颂的。

在今天，音乐和乐器还是被认为是神圣的，所有的古典音乐家都被认为是圣人，被人们所尊敬。

印度古典音乐虽然影响很广，但是它也仅仅是印度音乐中很小的一部分。几百年来，民间音乐（Folkmusic）已经成为印度社会生活的一部分，它的发展势头已经超过了古典音乐。在 20 世纪，电影音乐（Filmmusic）已经成为印度最流行的音乐形式，而且其产品比其他音乐形式销售得更好。民间音乐（Folkmusic）、拜赞（Bhajans

即崇神音乐）以及 Ghazals 流行的情况次之。

婆罗多舞

婆罗多舞是最具代表的印度古典舞，是南印度泰米尔纳德邦的传统舞蹈，为印度四大古典舞蹈之一。在南方，婆罗多舞的发展与南方各庙宇里的神奴有密切关系，传说仙人婆罗多是这个舞蹈的祖师。婆罗多代表 Bhava（情绪）、Raga（音乐）、Tala（节拍）、Natyam（动作），非常清楚地表明婆罗多舞蹈是由情绪、音乐、节拍组合的舞蹈艺术。

古文明浅读

深远影响亚洲的文明——古印度文明

罗刹王罗波那

罗波那是印度史诗《罗摩衍那》中登场的反派人物，名字带有"以暴力让人痛泣"的含义，他是一位僧侣和达伊提耶公主所生的孩子。罗波那因为好女色而拐走悉多，悉多的丈夫罗摩因此前往楞伽岛（今斯里兰卡）将罗波那杀死并救回妻子。在史诗中，罗波那并非单纯是一个魔王，他是有能力的统治者、湿婆的忠诚追随者，他在父亲指导下熟读经书吠陀和奥义书，既通晓军事，又能弹奏维纳琴。

信仰之舞

　　自古以来，印度半岛上的人民就能歌善舞。早在史前时期，半岛上就出现了舞蹈。在印度北方邦等地保存下来的远古岩画中，就有很多作品描绘了远古初民翩翩起舞的情景。印度河流域文明时期，舞蹈在这里得到了进一步的发展。在对印度河流域文明遗址的发掘中，人们发现了大量的陶质和石质的舞女雕塑。其中的青铜《舞女雕像》更能体现出当时高度发展的舞蹈艺术。

　　在印度人看来，舞蹈是神创造的，取悦于神是舞蹈者的唯一目的。它的最初形式，大概就是古代祭祀典礼上人们的手舞足蹈。

　　在印度教的传说中，原本人世间没有舞蹈。一天，天上的雷雨神因陀罗叫仙女乌尔沃西跳舞。她的身体虽然在跳，心中却抵制不住对贾因得（当然也是天上的仙人）的情爱，情不

↑青铜舞女雕像

自禁地向贾因得暗送秋波，触犯了天条，被罚到尘世托生。贾因得也因此

受到牵连，被贬到尘世变成了一根竹子。但天祠给了他们一个最后的机会：假如他们能在尘世相遇，就可以重返天庭。乌尔沃西到了人间，同时也把舞蹈带到了平民百姓中。乌尔沃西仙舞翩翩，在人间名声大震。在一次节日舞会上，人们为了表达对她的感谢之情，送给她一根竹竿。而这根竹竿恰巧是她心爱的情人贾因得所变，因此天庭对他们的处罚宣告结束，两人重返天庭。从此，舞蹈就在人间流传开了。

印度舞蹈具有浓郁的宗教色彩，其题材大多来自史诗，都是用来歌颂神的。根据内容和性质，可以把印度舞蹈分成古典和民间两类。古典舞蹈有婆罗多舞、卡塔卡利舞、卡塔克舞和曼尼普利舞四大流派。它们基本上同出一源，不过因为时代的发展和流传地区的不同，它们各具特色。

婆罗多舞是南印度泰米尔纳德邦的传统舞蹈，也是印度最流行、最古老、最有影响的舞蹈。一开始，这种舞蹈是在印度教庙宇里跳的。那时，每个庙里都有一些"戴舞达西"（意思是"神的女仆人"），这些人从小就被送到庙里，终生独身，给神献舞，让神高兴是其唯一的"神圣使命"。后来，这些舞蹈逐渐传到庙外。舞蹈的题材主要来自吠陀经典和史诗《摩诃婆罗多》，主要歌颂印度教大神湿婆、

毗湿奴及其化身克里希纳（黑天）。

有很多种关于婆罗多舞来历的传说，其中大部分都和史诗《摩诃婆罗多》中的阿周那有关。有一个故事说，阿周那在寓居他乡时，把这个舞传授给了维拉特国（今斋普尔）的公主乌特拉，后来维拉特人又把这个舞传遍了整个印度半岛。还有一个故事说，婆罗多舞是由泰米尔纳德邦大名鼎鼎的民间舞蹈古拉温吉舞发展来的。

婆罗多舞一般有六段，通常是独舞，也有三四个人一起跳的。演员一般衣着华丽，舞姿优美，赏心悦目。

卡塔卡利舞也叫莫赫尼亚特姆舞，产生于喀拉拉邦。这种舞蹈的最大特点是演员的脸部涂有浓重的色彩，描绘出近似于我国京剧演员般的脸谱。描绘这些脸谱一般用的材料有米糊、绿叶、颜料、油烟和白纸，进而把演员化妆成天神或魔鬼。演员的整个下半身围着白布。在卡塔卡利舞的历史演化中，开始时参加演出的只有男子，后来逐渐发展到有女子参加。卡塔卡利舞富有浓厚的乡土气息，显得异常古朴，善于把舞蹈与故事、诗歌、音乐等艺术形式结合在一起。

卡塔克舞产于北方邦的首府勒克瑙，闻名于北方邦和拉贾斯坦邦。它吸收了婆罗多舞和卡塔卡利舞的一些特点，基本上可以说是这两种舞蹈的结合体，后来又借鉴了伊斯兰舞蹈的

古文明浅读 深远影响亚洲的文明——古印度文明

一些特色，一度成为北印度的宫廷舞。有一些称为"卡塔克"的民间艺人，他们以讲述史诗中的故事为业。相传，卡塔克舞最初就是由这些民间艺人在讲故事的漫长历史中发展起来的。这一派舞蹈尊崇的舞王是善舞的克里希纳神和他的情人拉达，而不是湿婆神。克里希纳小时候做过牧童，顽皮而多情，女孩子们都爱和他跳舞。他和拉达的双人舞是卡塔克舞的著名舞段。卡塔克舞节奏感极强，热情奔放，表演时可以配歌。

曼尼普利舞产生于印度东北部的曼尼普尔地区，并因此而得名。曼尼普尔向来有"舞蹈之乡"的美誉。这种舞蹈是在民间舞蹈的基础上发展而来的。据传说，上古时，湿婆神和雪山女神创造了一种舞蹈，他们选择了一片山谷地带作为跳舞的场地，但因地势低洼而淹于水中。因此湿婆神用三叉戟劈山排水，将洼地填平，开辟了一片跳舞的地方，这就是今天的曼尼普尔。在曼尼普尔，湿婆神和雪山女神跳的第一支舞名叫拉伊哈罗巴舞。这支舞就是曼尼普利舞的最初形式，这种舞蹈是用来祭奠村神的，跳舞时，村里人通常全部参加。

曼尼普利舞是几种舞蹈的总称，关于颂神的班格·贾兰恩舞（快步舞）、格拉达尔·贾兰恩舞（击掌舞），表现克里希纳童年生活的拉卡尔舞（伙伴舞），泼水节时跳的塔巴尔·金格比舞（月光舞）等都属于曼尼普利舞。平常人们所说的曼尼普利舞，是指充满艳情的拉斯·利拉舞。相传，大约公元1700年以前，曼尼普尔地区出了一位名叫杰辛格的国王。一天，他在梦中看到了拉斯·利拉舞，听到了悠扬动听的音乐，于是就教他的女儿学会了这种舞蹈。从此以后，拉斯·利拉舞就在曼尼普尔一带流传开来。拉斯·利拉舞又包括很多种，如瓦森德·拉斯舞（春舞）、衮古·拉斯舞（林舞）、马哈·拉斯舞（大舞）、尼碟耶·拉斯舞和迪沃·拉斯舞等。

你知道吗

脸谱

脸谱是中国戏曲演员脸上的绘画，用于舞台演出时的化妆造型艺术。对于不同的行当，脸谱情况不一。"生"、"旦"面部化妆简单，略施脂粉，叫"俊扮"、"素面"、"洁面"。而"净行"与"丑行"面部绘画比较复杂，特别是净，都是重施油彩的，图案复杂，因此称"花脸"。戏曲中的脸谱，主要指净的面部绘画。而"丑"，因起扮演戏剧角色，故意在鼻梁上抹一小块白粉，俗称小花脸。还有歌曲脸谱和电视剧脸谱。

第六章　独特的艺术之花

古文明浅读

深远影响亚洲的文明——古印度文明

所有这些舞蹈表现的都是克里希纳和高比族姑娘们之间的爱情和他们嬉戏的情景。拉达和克里希纳是舞蹈的主角。拉达和高比族的姑娘们头戴薄纱巾和帽子，上身穿一件紧身短衣，下身穿一种圆圈裙，这种裙称为巴尼格，没有褶纹，裙子上罩一件薄纱，腰部系一根腰带。克里希纳的衣服则是黄色的。舞者的服装颜色和舞蹈气氛十分协调，使跳舞的人显得更加姿态袅娜、优美，动人心弦。

除了这四大古典舞蹈流派外，各地还有许多民间舞蹈也很著名。它们有的是宗教性的，有的则是生活性、季节性的。这些舞蹈内容丰富，形式多样，在群众中深受欢迎，这就是它们能够长期流传的根源所在。

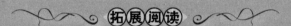

拓展阅读

克里希纳神

公历6、7月间的扎格纳特乘车节，是印度教节日。扎格纳特意为"世界主宰"，即克里希纳神，是印度教大神毗湿奴的化身。节日期间，印度各地凡有扎格纳特庙宇的地方都要举行沐浴节。沐浴节后15天，将扎格纳特等神像安放在礼车之上，放上供品，送到附近的寺庙中去，信徒们则敲锣打鼓，载歌载舞，格外热闹。